Sabrina Sandfuchs & Birthe Müller-Rosenau

Die Kraft der Worte bei ADHS

Sabrina Sandfuchs & Birthe Müller-Rosenau

Die Kraft der Worte bei ADHS

Kinder und Jugendliche mit Gewaltfreier Kommunikation stärken

BELTZ

FSC
www.fsc.org
MIX
Papier | Fördert gute Waldnutzung
FSC® C089473

Dieses Buch ist erhältlich als:
ISBN 978-3-407-86820-6 Print
ISBN 978-3-407-86821-3 E-Book (EPUB)

2. Auflage 2026

Werderstraße 10, 69469 Weinheim

Illustration: gutentag-hamburg.de
Lektorat: Bettina Brinkmann, wortfischen – sylvia gredig
Umschlaggestaltung: www.anjagrimmgestaltung.de
Bildnachweis: © DEEPOL by plainpicture/Angel Santana Garcia

Herstellung und Layout: Sarah Veith
Satz: Publikations Atelier, Weiterstadt
Druck und Bindung: Beltz Grafische Betriebe, Bad Langensalza
Beltz Grafische Betriebe ist ein Unternehmen mit finanziellem Klimabeitrag (ID 15985-2104-1001).
Printed in Germany

Weitere Informationen zu unseren Autor:innen und Titeln finden Sie unter: www.beltz.de

Inhalt

Vorwort
»Warum noch ein ADHS-Buch?«

Dieses Buch würde es ohne ADHS nicht geben. Vielleicht denkst du jetzt: Was für eine banale Feststellung! Schließlich handelt es von ADHS und der Kraft der Worte. Schon klar. Deswegen noch einmal präziser: Dieses Buch würde es vermutlich nicht geben, wenn die beiden Autorinnen völlig »normale« Gehirne hätten – im Sinne von »neurotypisch«. Denn zur Entstehungsgeschichte gehört eine gute Portion persönliches Erleben von ADHS-Symptomen, die uns auf wundersame Weise zueinanderführte.

Es begann im Dezember 2021 mit einer Nachricht bei Instagram. @leuchtturm_eltern alias Birthe Müller-Rosenau schrieb an @timotherapiefuchs alias Sabrina Sandfuchs: »Vielleicht hast du ja Lust, mal zusammen ein Live zu machen?« Hatte sie. Auch wenn die Anfrage überfallartig kam. Bis zu diesem Zeitpunkt waren wir füreinander völlig fremde Personen. Irgendetwas hatte Birthe beim Scannen von Sabrinas Profil sehr sicher gemacht: Das ist eine Schwester im Geiste. So überraschte es wenig, dass während des Gesprächs – übrigens über »Kommunikationstipps bei ADHS« – der Funke sofort übersprang. Die Ideen sprühten nur so. Es war klar, dass sich hier zwei Menschen mit der gleichen Haltung und einer gemeinsamen Vision getroffen hatten: Kinder fürs Leben zu stärken. Gleich nach dem Gespräch ging Birthe mit dem Hund spazieren. Die Gedanken flogen weiter. So schrieb sie aus einem Impuls heraus an Sabrina: »Wie wär's, wenn wir ein Buch darüber machen?« Sabrina war sofort Feuer und Flamme und antwortete: »Coole Idee, soweit ich das recherchiert habe, gibt es das noch nicht.«

Diesen Umstand *mussten* wir dringend ändern. Deshalb hältst du nun dieses Buch in den Händen, das dich praxisnah und mit viel Einfühlungsvermögen auf deinem Weg zu einer wertschätzenden und *gleichzeitig* klaren Sprache begleiten will. Denn wir sind überzeugt: Gewaltfreie Kommunikation (im Folgenden auch »GFK« genannt) kann Kinder mit ADHS fürs Leben stark machen – mit all den Herausforderungen, die ihr Aufwachsen mit sich bringt. Zudem gibt euch die GFK (mit ein wenig Durchhaltevermögen) die so oft im Familienalltag schmerzlich vermisste Leichtigkeit zurück. Oder wie es Birthes Kind mit einem Schmunzeln formuliert: »GFK nervt ja schon manchmal. Aber ohne war's auf jeden Fall schlimmer!«

Bevor wir dir in den folgenden Kapiteln dieses Buches genauer erläutern, was GFK ist, worin die Kraft der Worte besteht und welche Haltung dahintersteckt, möchten wir uns zunächst vorstellen und einen Einblick in unsere Welt geben. Wir, das sind Sabrina Sandfuchs, Psychologin, Kinder- und Jugendlichenpsychotherapeutin in Ausbildung mit dem Spezialgebiet ADHS, und Birthe Müller-Rosenau, Mutter eines Kindes mit ADHS, GFK-Trainerin und Journalistin. Da wir dieses Buch für Eltern geschrieben haben, beginnen wir mit Birthes Perspektive – manche Erfahrungen werden dir vielleicht vertraut vorkommen.

Birthes Geschichte

Es lag schon ein längerer Leidensweg hinter uns, als ich schließlich einen Termin in einer Erziehungsberatung vereinbarte. Irgendwie war alles aus dem Ruder gelaufen. Unser kleines, verträumtes Sonnenscheinchen knallte nur noch Türen, biss die Geschwisterkinder und zerknüllte Schulhefte oder zerbrach Bleistifte. Überforderung auf allen Seiten. Also saß ich nun in der Beratung, schilderte die Situation und erhielt als Antwort Sätze wie »Sie müssen dem Kind härter begegnen und jegliche Diskussion im Keim ersticken!« oder »Na also Ihr Kind ist ja zu Hause der heimliche Chef, kann das sein?«. Auch aus der Schule hagelte es unangenehme Rückmeldungen: »Ihr Kind sprengt den Unterricht. So geht das nicht!« oder »Ganz schön zickig, Ihr Kind!«. Später, als dann die ADHS-Diagnose erfolgt war, kamen weitere Aussagen dazu wie: »Das kann jetzt aber nicht als Entschuldigung für alles herhalten …«

Jeder dieser Sätze war wie ein Messerstich für mich. Einerseits, weil in mir die Löwenmama angesprochen wurde, die sich schützend vor ihr Kind stellen wollte. Andererseits, weil es bei mir als Kritik an meinem Erziehungsstil ankam – an dem ich selbst zweifelte. Denn mir fehlten noch die nötige Klarheit und das Bewusstsein dafür, was anstelle von Härte, Strafen und Verstärkerplänen rücken könnte, wie es Berater:innen und Ratgeber empfahlen. Klar war nur: Das muss auch anders gehen! Ich kniete mich rein und las alles, was mir in die Finger kam. Im Jahr 2017 entdeckte ich die Gewaltfreie Kommunikation nach Marshall B. Rosenberg. Seitdem empfinde ich sie als riesigen Schatz für meine Familie und für den Umgang mit mir selbst und meiner eigenen ADHS-Diagnose. Seit 2020 gebe ich als GFK-Trainerin mein Wissen an Eltern weiter und kann versichern: Ja, es gibt einen Weg raus aus den ewigen Machtkämpfen und Streitereien – hin zu einem Miteinander, in dem alle Bedürfnisse zählen! Einen Weg, der darin besteht, Kinder mit Worten zu stärken, statt sie durch ständiges Negativ-Feedback zu schwächen. Wie das geht, erfährst du Schritt für Schritt in diesem Buch.

Sabrinas Geschichte

»Warum noch ein ADHS-Buch?«, habe ich mich selbst gefragt. Ganz einfach: Weil mir in den bisherigen der Aspekt der Kommunikation immer zu kurz gekommen ist! Denn in meiner täglichen Arbeit als Kinder- und Jugendlichenpsychotherapeutin ist das eine der meistgestellten Fragen: »Wie kann ich das denn jetzt genau sagen?« oder »Wie kann ich das meinem Kind vermitteln?«. Egal welchen Ansatz Eltern in der Erziehung verfolgen möchten, die Art, wie sie es in der Familie vermitteln und ganz konkret umsetzen, ist der schwierigste Teil. Vielleicht kennst du das auch, dass du dir etwas vorher überlegst und vornimmst, es aber dann in der Realität nicht funktioniert? Genau da spielen die eigene Haltung und die Kommunikation eine zentrale Rolle.

Das Thema ADHS hat seit meinem Psychologiestudium einen ganz besonderen Platz in meinem Leben: Der Zufall (oder war es das Schicksal?) wollte es so, dass ich an einer Langzeitstudie zur Erforschung von ADHS im Laufe der Kindheit mitarbeiten konnte. Ab da gab es kein Halten mehr! Ich habe zunächst meine Bachelorarbeit über das Thema geschrieben und mich dann immer mehr auf ADHS spezialisiert. Egal ob in der Ausbildung zur Kinder- und Jugendlichenpsychotherapeutin, in der kinder- und jugendpsychiatrischen Praxis oder der Erziehungsberatungsstelle – überall spielte es fortan eine besondere Rolle. Ich erkannte mich so oft in den Kindern wieder, die vor mir saßen, und hatte eine besondere Bindung zu ihnen und ihren Familien. Eine eigene Diagnose habe ich zwar nicht, aber ein Einlesen über weibliche ADHS hat mir geholfen, einiges in meiner Vergangenheit besser zu verstehen.

Dabei stellte ich fest: Der Schlüssel für echte Veränderung in den Familien war in aller Regel eine Veränderung der Haltung und der Kommunikation. Die besten Therapie-Erfolge erreichten wir durch ein Zusammenspiel von bewusster, positiv gestalteter Familien-Kommunikation und anderen verhaltenstherapeutischen

Elementen, die natürlich auch in diesem Buch ihren Platz haben. Durch die Gewaltfreie Kommunikation kann eine Familie, die entzweit ist, wieder zusammenwachsen. Dazu will ich dir von einer Mutter erzählen, die zu Beginn der Therapie Folgendes zu mir sagte: »Ich liebe mein Kind nicht mehr!« Natürlich rührte mich das als Therapeutin in besonderer Weise an. Umso mehr, was sie dann am Ende der Therapie empfand: »Frau Sandfuchs, Sie hatten recht. Ich habe meinen Sohn immer geliebt. Aber das habe ich zwischendurch nicht mehr wahrnehmen und damit nicht zeigen können. Heute wissen wir, wie wir miteinander reden und auf unsere Bedürfnisse achten können.«

Wir möchten dich mit diesem Buch auf dem Weg der nachhaltigen Veränderung unterstützen – ganz gleich, wo du gerade mit deiner Familie stehst. Daher beantworten wir die Frage »Warum noch ein ADHS-Buch?« auch mit einem verschmitzten Lächeln und selbstbewusst: Weil es dieses Buch schon so lange so dringend gebraucht hat. Und weil es *das eine* ADHS-Buch ist, das *du* noch brauchst. Denn es wächst mit dir und deiner Familie. Du kannst darin schnell etwas nachschlagen – und gleichzeitig wirst du bei jedem Blättern und Lesen wieder neue, tiefere Erkenntnisse gewinnen. Höchste Zeit loszulegen, was meinst du?

Kapitel 1
Die Kraft der Worte bei ADHS

Wir freuen uns, dass du dieses Buch in die Hand genommen hast. Denn es zeigt uns, dass du motiviert bist, etwas Neues auszuprobieren. Du bist bereit, andere Wege als bisher einzuschlagen, um euren Familienalltag mit der ADHS friedvoller und leichter zu gestalten. Zudem trägst du den Wunsch in dir, dein Kind für die Zukunft zu stärken. Und das ist großartig! Wir können dir versichern: Du wirst auf den kommenden Seiten nicht nur Klarheit in der Kommunikation mit deinem Kind finden, sondern auch Entlastung für dich selbst. Denn oftmals liegen die Nerven auf allen Seiten blank, wenn selbst die kleinsten Situationen immer wieder hochkochen oder in Endlosdiskussionen münden. Sicher kennst du das: Du wolltest eigentlich geduldig und liebevoll zu deinem Kind sein – doch dann ist dir schon am Frühstückstisch wieder die Hutschnur gerissen. Später verfolgen dich dann Gewissensbisse und Zweifel. Vielleicht hast du auch schon gedacht: »So wie es ist, kann es nicht weitergehen!«

Das muss es auch nicht. Wir geben dir mit der Methode der »Gewaltfreien Kommunikation« einen Schlüssel an die Hand, um aus dem Teufelskreis der (Selbst-)Verurteilungen und Machtkämpfe auszusteigen. Du wirst Schritt für Schritt lernen und vor allem direkt in deinem eigenen Alltag spüren, wie sich die Kraft der Worte entfaltet und sich wohltuend auf euer Familienleben und den Selbstwert deines Kindes auswirkt. Klingt das gut für dich – und gleichzeitig auch ein bisschen unwirklich und unrealistisch? Dann lerne mit uns Greta kennen, die alleinerziehende Mutter von Paolo.

Gretas Leben war seit dem Schuleintritt ihres Sohnes Paolo (7) nicht mehr dasselbe. Jeden Tag erlebte sie mehrere Eskalationen, von Schreien, Wüten bis Um-sich-Schlagen war alles dabei. Es begann schon morgens beim ersten Wecken, setzte sich nach der Schule fort, bei den Hausaufgaben, beim Abendessen und beim Zubettgehen. Zu Kindergartenzeiten hatte es, zumal als Alleinerziehende, auch anstrengende Situationen gegeben, aber die Kämpfe waren überschaubar. Es gab leichtere und schwerere Tage. Nun war unter der Woche kaum noch ein entspanntes Zusammenleben möglich. Greta lag viele Nächte wach und grübelte, was sie falsch machte und wo sie konkrete Hilfe für zu Hause finden könnte. Sie war verzweifelt und glaubte schon nicht mehr an einen guten Ausgang. Doch dann hörte sie – durch einen Zufall – von der Gewaltfreien Kommunikation (GFK).

Vom Gegeneinander zum Miteinander

Wie Greta hast du vielleicht bereits vieles ausprobiert, um wieder mehr Ruhe in den Familienalltag zu bringen. Vielleicht hast du in Ratgebern oder von Berater:innen den Tipp bekommen, du müsstest bei ADHS härter durchgreifen und jegliche Diskussion mit deinem Kind direkt im Keim ersticken. Und vielleicht geht es dir da auch wie Greta und du fühlst dich mit dieser Art der Kommunikation sehr unwohl.

Schon als ihr die Arbeitskollegin von der GFK erzählte, spürte Greta, wie ihr Herz klopfte. Sie wusste tief in ihrem Inneren, dass diese Haltung und die wertschätzende und gleichzeitig klare Sprache so viel mehr ihr selbst und ihren Vorstellungen von einer Beziehung zu ihrem

Sohn entsprachen. Endlich sah sie eine Chance, auch in ihrer kleinen Familie wieder zu mehr gemeinsamer Lebensfreude zu finden. Sie begann damit, sich immer mehr mit der GFK zu beschäftigen, und buchte schließlich ein Einführungsseminar.

Mehr Druck oder Härte löst in den wenigsten Fällen die Probleme und Herausforderungen, die mit ADHS einhergehen. Viel höher ist die Wahrscheinlichkeit, dass diese Vorgehensweise zulasten der Eltern-Kind-Beziehung geht. Ein Kind, ganz gleich ob mit ADHS, gefühlsstark, hochsensibel oder wie immer du es nennen willst, handelt nicht aus Boshaftigkeit, Provokation oder Respektlosigkeit. Wir sind fest davon überzeugt, dass all die unerwünschten (und ja, auch sehr ungünstigen) Verhaltensweisen vor allem eines signalisieren: Da ist ein Kind sehr in Not geraten. Es nutzt in diesen Momenten seine bestmögliche Strategie zur Bedürfniserfüllung. Gerade bei Kindern, die aufgrund ihrer Unangepasstheit schon eine Menge Zurückweisungen, Tadel und Schmerz erlebt haben, sind unglaublich viele Bedürfnisse unerfüllt. Das Selbstwertgefühl leidet dabei häufig unter der wiederkehrenden Erkenntnis: *Ich bin nicht gut, so wie ich bin. So sehr ich mich auch bemühe, ich kann es einfach nie richtig machen.* Das, was andere, aber auch wir selbst von uns sagen, hat einen großen Einfluss darauf, wie selbstsicher wir durchs Leben gehen – oder auch nicht! Worte können dein Kind sowohl (nachhaltig) verletzen als auch fürs Leben stark machen. Ebenso wichtig wie das Gesagte ist übrigens auch all das, was wir *nicht* sagen. Also unsere gesamte Haltung oder die Brille, mit der wir einen anderen Menschen oder eine Situation betrachten. Gerade Kinder mit ADHS haben dafür feine Sensoren.

Aufseiten der Bezugspersonen ist oft ebenfalls viel im Mangel. Wenn uns Eltern von Situationen aus ihrem Alltag erzählen, dann hören wir dahinter regelrecht das unerfüllte Bedürfnis: *Da hättest du dir Leichtigkeit gewünscht, was?* Vielleicht spürst du jetzt gerade bei dir auch ein innerliches Seufzen und kennst diesen Wunsch nach Leichtigkeit sehr gut und willst so gerne, dass es endlich »mal fluppt«, euer Alltag weniger mühsam ist? Und schon sind wir mittendrin in der Gewaltfreien Kommunikation! Wir schauen uns die Bedürfnisse auf beiden Seiten an. Wir benennen sie, erkennen sie als solche vorurteilslos an und geben ihnen Raum. Allein das verschafft oft schon Erleichterung. Wir nennen es auch »den Zauber der Empathie«, dem du in diesem Buch immer wieder begegnen wirst. Und wie ging es mit unserer alleinerziehenden Mutter weiter?

Greta lernte auf ihre eigenen Bedürfnisse zu achten und erkannte nun auch Paolos Bedürfnisse besser. Sie übte in den Situationen, die Druck für beide erzeugten, anders damit umzugehen, andere Worte zu finden. »Mit der GFK habe ich erkannt, welche Anteile ich an den Eskalationen habe und was Paolo braucht, damit ihm belastende Situationen nicht ausweglos erscheinen und er nur noch wüten kann. Wir sind jetzt ein Team, haben auch wieder unbelastete Momente und mehr Nähe. Wir sind auf einem guten Weg.«

Schritt für Schritt

Du weißt ja: Auch die längste Reise beginnt immer mit dem ersten Schritt. Du wirst in diesem Buch daher einige Übungen und Einladungen zur Selbstreflexion finden. Denn für uns ist der wichtige erste Schritt, alte Muster zu erkennen und sie dann nach und nach aufzubrechen oder die sprichwörtlichen Autobahnen zu verlassen und stattdessen neue Wege zu gehen. Diese sind anfangs vielleicht nur Trampelpfade, doch je häufiger du sie beschreitest, also je länger du dranbleibst, desto breiter werden diese Wege und desto leichter wird dir der Wandel fallen. Wir möchten dich daher ausdrücklich ermutigen, so oft es geht unsere Einladung zum aktiven Mitmachen anzunehmen und dich darauf einzulassen.

Tiefgreifende Veränderungen in uns und in einem Familiensystem gehen natürlich nicht von heute auf morgen. Sie sind ein Prozess – und dieser verläuft nicht geradlinig, sondern kann ein wiederkehrendes Auf und Ab sein und sich manchmal anfühlen, als folgten auf einen Schritt vorwärts drei rückwärts. Es braucht eine gewisse Anzahl an Wiederholungen (viele renommierte Wissenschaftler:innen sagen 400), bis eine neue Synapse im Hirn ausgebildet wird. Soll heißen: Sich aus alten Mustern zu befreien kann durchaus harte Arbeit sein und erfordert Durchhaltevermögen. Sollte dir also auf dem Weg einmal die Puste ausgehen, dir Zweifel kommen oder du dich beim Lesen fragen, wie du all das einsortieren sollst, dann gönne dir eine Pause. Springe in solchen Situationen auch gerne direkt ans Ende des Buches (Kapitel 8). Dort haben wir uns dem Thema Selbstfürsorge gewidmet und dir zudem eine kleine Ermutigung geschrieben. Denn nur wenn es dir gut geht, kannst du auch deine Familie für diese Reise gewinnen und ihr die Hand reichen, wenn es dann doch mal wieder holprige Stecken gibt.

Sei geduldig – auch mit dir selbst!

Gretas Erfahrungen zeigen, dass es sich in jedem Fall lohnt, sich auf den Weg zu machen – für den Familienfrieden, aber auch für die Zukunft deines Kindes. Denn Worte haben eine große Macht. Das gilt sowohl für die Worte, die dein Kind von dir und anderen Menschen hört, als auch für seine eigenen inneren Monologe. Wir wissen aus der Forschung, dass Kinder mit ADHS aufgrund ihres Verhaltens vermehrt auf Ablehnung stoßen und häufiger negatives Feedback bekommen als Gleichaltrige. Vielleicht kennst du das folgende Zitat: »Die Art, wie wir mit unseren Kindern sprechen, wird ihre innere Stimme«. Es wird Peggy O'Mara zugeschrieben. Kinder beziehen bis zu einem gewissen Alter generell alles, was ihre Eltern sagen oder tun, auf ihre eigene Person. Das kann ganz schön Druck machen –

den wir dir an dieser Stelle gerne nehmen möchten. Es wird immer wieder Tage oder Situationen geben, in denen es dir schwerfällt oder sogar unmöglich ist, deine Worte so bewusst zu wählen, wie es wünschenswert wäre. Das ist vollkommen okay und menschlich. Denn schließlich bringst du als Elternteil eigene Prägungen mit. Aus unserer Sicht könnte man das Zitat zur inneren Stimme noch wie folgt ergänzen: Unsere *eigene* innere Stimme ist maßgebend dafür, wie wir mit unseren Kindern sprechen und umgehen. Denn wir können anderen Menschen nur dann wirklich empathisch und friedvoll begegnen, wenn wir auch uns selbst gegenüber eine friedliche Haltung haben. Oder anders gesagt: Ein mitfühlendes Verständnis für mich selbst (Selbstempathie) ist die Voraussetzung für eine wertschätzende Kommunikation. Marshall B. Rosenberg, der Begründer der Gewaltfreien Kommunikation, formulierte es so: »Wenn wir innerlich gewalttätig mit uns selbst umgehen, dann ist es schwierig, auf andere von Herzen empathisch zu reagieren.«[1] Daher räumen wir der Selbstempathie im Buch auch einen hohen Stellenwert ein.

Das Abenteuer beginnt!

Ehe wir nun wirklich loslegen, noch ein paar Hinweise zum Umgang mit diesem Buch. Da wir wissen, dass viele Familien lange auf einen Therapieplatz, eine Diagnostik oder andere Formen der Unterstützung warten, wollen wir dir hier auch Hilfe zur Selbsthilfe anbieten. Wir leiten dich deshalb dazu an, eure aktuellen Herausforderungen – aber auch Stärken – als Familie genauer unter die Lupe zu nehmen und euch konkrete, machbare Ziele zu setzen. All diese Erkenntnisse könnt ihr in eurem eigenen »*Kleinen Familien-Leitfaden*« festhalten. Du findest ihn im Serviceteil am Ende des Buches zum Download. Der Leitfaden darf mit euch als Familie wachsen und kann einen Anknüpfungspunkt im Alltag bilden, der euch dazu motiviert, dranzubleiben.

Apropos dranbleiben: Sicherlich wird es dir leichter fallen, Veränderungsprozesse anzustoßen und durchzuhalten, wenn du dein ganz persönliches »Warum« kennst und immer wieder in den Blick nimmst. Hole dir an dieser Stelle gerne etwas zu schreiben und beantworte dann für dich die folgenden Fragen: Wie lautet mein »Warum« für ein gleichwürdiges Familienleben? Welche positiven Veränderungen erhoffe ich mir dadurch? Hast du das einmal für dich festgehalten, kann dir das dabei helfen, die Tiefpunkte und Rückschläge auszuhalten.

Im Buch findest du viele Praxisbeispiele und Formulierungshilfen. Dazu ist uns wichtig zu sagen: Kein Mensch und keine Familie gleicht der anderen. Manches mag sich für dich stimmig anfühlen, manches eher weniger. Es geht uns vielmehr darum, exemplarisch aufzuzeigen, wie eine gewaltfreie(re) Sprache aussehen kann. Bleib so gut es geht bei deiner eigenen, authentischen Sprache. Die Methode der GFK unterstützt uns, in die gewaltfreie Haltung zu kommen. Wenn du so willst, ist sie das Floß, das uns auf die andere Seite des Flusses bringt. Dort angekommen, benötigen wir es nicht mehr.

Lass uns also gemeinsam starten und schauen, wie du in Zukunft sehr klar und *gleichzeitig* wertschätzend mit deinem Kind sprechen kannst. Du wirst sehen: Dadurch, dass du als erwachsene Person lernst, sprachlich die Verantwortung und die liebevolle Führung zu übernehmen, wird es dir immer häufiger gelingen, aus Bewertungen und Verurteilungen auszusteigen und hinter das Verhalten zu schauen. Damit legst du ein festes und sicheres Fundament für die Eltern-Kind-Beziehung und ein gesundes, stabiles Selbstwertgefühl deines Kindes. Ihr schafft den Schritt heraus aus dem *Gegen*einander hinein ins *Mit*einander. Oder anders gesagt: Raus aus dem Mangel, hinein in die Fülle!

Was ist ADHS?

In der Gewaltfreien Kommunikation spielt die wertfreie Beobachtung eine wichtige Rolle. Festzustellen, was gerade eigentlich los ist und worüber beide Seiten sprechen, bildet den gemeinsamen Ausgangspunkt und vermeidet somit Missverständnisse. Genau diesen Ausgangspunkt wollen wir mit diesem Grundlagen-Kapitel schaffen. Denn wir können nicht wissen, wie viel du dich vorab bereits mit ADHS und Gewaltfreier Kommunikation beschäftigt hast. Je nachdem, von wo du startest, kann es für dich eine Einführung, eine Auffrischung des eigenen Wissens oder ein Zusammenführen loser Fäden sein.

So viel weißt du vermutlich schon: *ADHS* ist die Kurzform für *Aufmerksamkeits-Defizit-Hyperaktivitäts-Störung* oder auch *-Syndrom*. Doch was verbirgt sich konkret dahinter? Kinder mit ADHS fallen durch ihre Unangepasstheit auf: dadurch, dass sie mit ihrem Verhalten nicht den Erwartungen anderer entsprechen. Sie sind von allem ein bisschen »zu viel«: zu impulsiv, zu laut, zu zappelig, zu unkonzentriert. Sie haben meist eine niedrige Frustrationstoleranz und neigen zu heftigen Gefühlsausbrüchen. Es bereitet ihnen manchmal auf der einen Seite Schwierigkeiten, Regeln zu akzeptieren. Gleichzeitig pochen sie auf der anderen Seite darauf, dass andere sich an Vereinbarungen halten. Sie nehmen viele Dinge persönlicher als andere, beziehen alles Gesagte und Getane auf sich und streiten sich dadurch häufiger mit Geschwistern, Mitschüler:innen, Freundinnen, Freunden und anderen Bezugspersonen.

Na, hast du da dein Kind schon an der einen oder anderen Stelle wiedererkannt? Natürlich bringen wir alle Anteile der oben genannten Eigenschaften mit. Mal mehr, mal weniger. Deswegen lass uns doch mal gemeinsam aufdröseln, ab wann es wahrscheinlich ist, dass dein Kind ADHS hat.

Einfach nur bewegungsfreudig oder doch ADHS?

Eine Diagnose stellen spezialisierte Fachärztinnen oder Fachärzte beziehungsweise Psychotherapeutinnen oder Psychotherapeuten auf Grundlage der *ICD-10*, dem Diagnosetool für alle körperlichen und psychischen Erkrankungen. Dabei nehmen sie vor allem die drei Kernsymptome von ADHS in den Blick:

+ **Aufmerksamkeitsprobleme:** Kindern mit ADHS fällt es oft schwer, ihre Aufmerksamkeit auf nur eine Sache zu richten und diese über einen längeren Zeitraum aufrechtzuerhalten. Sie sind offen für die vielen Reize um sie herum, können diese oft nur unzureichend in »wichtig« und »unwichtig« filtern und lassen sich dadurch leicht ablenken. In der Konsequenz haben sie dann Probleme, komplexeren Anweisungen zu folgen, und vergessen oder verlieren auch überdurchschnittlich häufig Dinge.
+ **Erhöhte Impulsivität:** ADHSler:innen reden oft drauflos, ohne vorher nachzudenken (und hören so schnell nicht wieder mit dem Reden auf). Zudem handeln sie mitunter, ohne über die Konsequenzen nachzudenken. Es fällt ihnen schwer, ihre Gefühle in einem sozialverträglichen Rahmen zu äußern – sie schießen oft übers Ziel hinaus. Auch ihre Handlungen zu kontrollieren oder abzuwarten kann eine riesige Herausforderung darstellen.
+ **Hyperaktivität:** Sicher kennst du den Begriff »Zappelphilipp«. Viele ADHSler:innen sind pausenlos in Bewegung – auch in Situationen, in denen das eigentlich nicht möglich oder erwünscht ist. Die Hyperaktivität kann sich allerdings auch in einer inneren Unruhe niederschlagen und ist dann von außen nicht direkt sichtbar oder äußert sich zum Beispiel im Drehen von Haarsträhnen oder Nägelkauen.

Die Symptome sollten für eine Diagnosestellung vor dem 12. Lebensjahr erstmalig aufgetreten sein, mindestens seit sechs Monaten anhalten und in verschiedenen Kontexten vorkommen – also zum Beispiel in der Schule, zu Hause und mit Freunden.

ADS oder ADHS – was ist der Unterschied?

Der »Zappelphilipp« ist das Synonym für den vorwiegend *hyperaktiv-impulsiven Typ* – bekannt als **ADHS**. Es gibt jedoch auch noch den vorwiegend *unaufmerksamen Typ* – manchmal **ADS** genannt. Hier fällt das »H« für »Hyperaktivität« weg. Bildlich kannst du dir die »Träumerliese« vorstellen, die ständig in ihre eigene Welt abdriftet. Natürlich gibt es beide Typen auch beim jeweils anderen Geschlecht: also hyperaktive Mädchen und unaufmerksame Jungs. In Deutschland existiert zurzeit offiziell keine Unterscheidung zwischen ADHS und ADS (Stand: März 2024) – diese stammt aus dem amerikanischen Klassifikationssystem. Im ICD-10 ist für beide Typen die Diagnose »F90.0 Einfache Aktivitäts- und Hyperaktivitätsstörung« zu verwenden. In der Praxis wirst du die beiden Begriffe jedoch vermutlich häufig lesen oder hören, weil so schnell differenziert werden kann, ob eine Hyperaktivität vorhanden ist oder nicht. Im ICD-11 (der neueren Version des ICD-10) wird diese Unterscheidung wahrscheinlich ebenfalls übernommen. Das ICD-11 ist zwar seit Januar 2022 offiziell in Kraft, es gibt aber zum heutigen Zeitpunkt noch keine offizielle deutsche Übersetzung und es wird daher in Deutschland auch noch nicht zur Diagnosestellung verwendet werden.

Das ICD-11 unterscheidet bei ADHS zwischen dem überwiegend unkonzentrierten Typ (6A05.0), dem vorwiegend hyperaktiv-impulsiven Typ (6A05.1) und dem kombinierten Typ (6A05.2). Dabei werden aber alle Diagnosen weiterhin als »Aufmerksamkeitsdefizit- und Hyperaktivitätsstörung [ADHS]« beschrieben. Die häufigste Diagnose ist der kombinierte Typ, denn Hyperaktivität wird häufig mit der lauten, stark sichtbaren Unruhe verwechselt. Die Hyperaktivität ist bei der »Träumerliese« nicht auf den ersten Blick erkennbar. Sie kann sich zum Beispiel in einer inneren Unruhe oder einem Gefühl von Getriebenheit, aber auch in Fußwackeln, »Wippen« mit dem Bein, Haaredrehen, im Herumspielen an Schmuck, vielem Sprechen oder Ähnlichem äußern. Kinder ohne sichtbare Hyperaktivität werden häufiger übersehen. Neue Studien zeigen zudem, dass gerade Mädchen mit ADHS häufig andere psychische Auffälligkeiten (z. B. Ängste, depressive Stimmung etc.) entwickeln müssen, um aufzufallen[2] und eine Diagnose zu erhalten[3]. Bis vor einigen Jahren wurde ADHS hauptsächlich als »Jungenkrankheit« betrachtet. Doch mittlerweile wissen wir, dass sich ADHS bei Jungen und Mädchen stark unterscheidet, und das nimmt die Forschung inzwischen stärker in den Blick. Zugunsten der Lesbarkeit werden wir ab dieser Stelle nur noch von ADHS schreiben – wir meinen damit alle oben genannten (Misch-)Formen.

»Verwächst« sich ADHS?

Bis vor ein paar Jahren gingen Fachleute noch davon aus, dass ADHS nur Kinder betrifft und sich mit der Zeit »verwächst«. Diese These ist so jedoch nicht mehr haltbar, zumal es auch immer mehr spätdiagnostizierte Erwachsene gibt. Dies ist nicht zuletzt der Arbeit vieler engagierter Blogger:innen und Influencer:innen in diesem Bereich zu verdanken.

Die ADHS-Symptomatik zeigt sich in der Regel bereits bei **Säuglingen und Kleinkindern**. In diesem Alter sind Kinder mit ADHS häufig unruhiger, aktiver und risikofreudiger als Gleichaltrige. Zudem kann es vermehrt zu Schlaf- und Essproblemen kommen. Manche Babys und Kleinkinder schreien und weinen auch sehr häufig und besonders ausdauernd. Viele Eltern berichten, dass sie bereits im Kleinkindalter das Gefühl hatten, dass ihr Kind anders ist als andere. Wie war es bei euch? Wann hat eure ADHS-Reise begonnen?

Im **Vorschulalter** stehen eher die Hyperaktivität und eine geringe Spielintensität und -ausdauer im Vordergrund. Kinder mit ADHS wechseln dann häufig die Spielsachen und es fällt ihnen schwer, bei einer Sache zu bleiben. Unliebsame Aufgaben vermeiden und ignorieren sie meistens.

Kinder mit ADHS haben gleichzeitig viele Ideen, die sie am liebsten sofort umsetzen wollen. Dadurch können sie in Spielsituationen als dominant und bestimmend wahrgenommen werden. Das führt immer wieder zu Konflikten mit anderen Kindern und Erzieher:innen. Konzentrationsprobleme hingegen werden im Vorschulalter noch nicht so deutlich, da in der Kindertagesstätte die Anforderungen noch geringer sind als in der Schule und es mehr Spielpausen gibt.

Mit Beginn des **Schulalters** erleben die meisten Familien, dass die Probleme immer deutlicher werden. Meistens ist das auch der Zeitpunkt, zu dem die Diagnose gestellt wird. Es ist für die allermeisten Grundschüler:innen schwierig, im Unterricht längere Zeit am Stück stillzusitzen und Lehrkräften konzentriert zuzuhören. Mit ADHS ist das beinahe unmöglich. Dies liegt vor allem an einer erhöhten Ablenkbarkeit und/oder der Hyperaktivität. Durch die ausgeprägte Impulsivität kommt es dann immer wieder zu Konflikten und teilweise auch Ablehnung durch andere Kinder oder Lehrer:innen, da diese das Verhalten des Kindes mit ADHS nicht verstehen und nachvollziehen können. Auch die fehlende Konzentration kann zu diesem Zeitpunkt ein echtes Problem werden: Das Kind kommt im Unterricht nicht mit, verpasst wichtige Inhalte und muss vielleicht sogar die Klasse wiederholen – was den sozialen Anschluss an die anderen Kinder noch mehr erschweren kann.

Im Übergang zum **Jugendalter** nimmt die *motorische* (äußere) Unruhe immer mehr ab und geht meistens in eine *innere* Unruhe über. Je älter die Kinder und Jugendlichen werden, desto mehr wandelt sich die Zappeligkeit (also die körperliche Hyperaktivität) in häufiges, schnelles und manchmal fast schon pausenloses Reden. Oft sind diese jungen Erwachsenen auch ständig gestresst, haben Probleme, sich zu entspannen, und fühlen sich durch ihre innere Unruhe wie getrieben. Die Konzentrationsprobleme bleiben meist konstant vorhanden.

Anders als früher gedacht, »verwächst« sich ADHS also nicht (immer). Studien zufolge zeigen noch 50 Prozent der erwachsenen ADHSler:innen eine Symptomatik. Aus der Impulsivität im Kindesalter wird im Jugend- und Erwachsenenalter dann meistens eine Tendenz zu schnellen, oft unüberlegten Entscheidungen. Zudem können erwachsene ADHSler:innen in der Regel schlecht abwarten, neigen zu impulsiven Stimmungsschwankungen und sind anfälliger für Substanzgebrauch (also Alkohol, Drogen etc.). Deswegen stellt das Jugendalter in der Entwicklung und in der Therapie einen zentralen Zeitpunkt dar: Bei einer nicht behandelten ADHS können sich weitere psychische Störungen ausbilden wie Depression, Ängste, Süchte, Selbstwertprobleme etc. – psychologische Fachkräfte sprechen hier von »Komorbidität«.

Entwicklungsaufgabe Pubertät

In der Pubertät ist es die Aufgabe der Jugendlichen, die eigene Identität und Rolle in der Gesellschaft zu finden (*Wer bin ich? Wer will ich sein?*). Dabei müssen sie ein eigenes Wertesystem entwickeln und sich langsam von den Eltern loslösen. Dieser Prozess – in Kombination mit den körperlichen und hormonellen Veränderungen – kann eine große Herausforderung darstellen. Und zwar für Eltern und Jugendliche gleichermaßen.

In dieser Zeit hinterfragen Kinder die Normen und Werte der eigenen Eltern und überlegen, was sie übernehmen wollen und was nicht. Dabei kommt es immer wieder zu Konflikten, denn diese Abgrenzung und das Ausprobieren der Jugendlichen kann schwer für die Eltern sein. Wichtige Entwicklungsaufgaben von Teenager-Eltern sind das Loslassen von Erziehungsverantwortung und das Vertrauen auf eine positive Entwicklung ihres Kindes. Wurde zuvor mit der Gewaltfreien Kommunikation die Basis für ein Miteinander auf Augenhöhe gelegt, kann sie – bei aller Abgrenzung und Reibung – einen wertvollen Beitrag leisten, immer wieder in Verbindung zu kommen (und zu bleiben).

Auch heute wird ADHS nicht immer im Kindes- und Jugendalter sicher erkannt. Im Erwachsenenalter ist es dann oft eine echte Herausforderung, die Diagnose ADHS noch zu stellen. Denn im Laufe ihres Lebens entwickeln ADHSler:innen in der Regel eine Reihe von Strategien, mit denen sie die Symptome kompensieren. Zudem spielt sicherlich auch das Thema »*Masking*« bei Erwachsenen eine Rolle: Das bedeutet, Menschen mit ADHS unternehmen bewusst oder unbewusst zum Teil große Anstrengungen, um ihre Symptome zu verbergen. Solltest du beim Lesen das Gefühl bekommen, du selbst könntest ADHS haben und verspürst einen Leidensdruck im Alltag, dann möchten wir dich ermutigen, eine Diagnostik zu beginnen. Es ist dafür nie zu spät.

Woher kommt ADHS?

Diese Frage ist tatsächlich noch nicht genau geklärt. Nach dem aktuellen Stand der Forschung gibt es verschiedene Faktoren, die ADHS begünstigen. Und um an dieser Stelle direkt mit einem

Mythos aufzuräumen: Die »falsche« Erziehung kann kein ADHS auslösen! Ebenso ist ADHS keine Frage von mangelnder Disziplin oder gar Faulheit.

Die Entstehung von ADHS lässt sich am besten anhand des bio-psycho-sozialen Modells erklären: Demnach entsteht ADHS aus einem Zusammenspiel von genetischen und neuropsychologischen Faktoren sowie Störungen in der Selbstregulation und gegebenenfalls frühen Entwicklungsrisiken (wie z. B. einer Frühgeburt) oder Umweltfaktoren (wie z. B. traumatische Erfahrungen oder hoher Stress in der Familie oder andernorts).

Was hat ADHS mit Dopamin und Noradrenalin zu tun?

Achtung, nun wird es etwas komplexer – denn wir machen einen Ausflug in den Bereich der Neuropsychologie. Hierbei schauen wir zunächst die sogenannten »*exekutiven Funktionen*« an, die im Zusammenhang mit ADHS-Symptomen wie eben der Unaufmerksamkeit, Impulsivität und Hyperaktivität stehen. Stark vereinfacht sind die exekutiven Funktionen wie der »Chef« oder »Kapitän« im Gehirn, der sagt, wo es langgeht. Exekutive Funktionen helfen uns, Abläufe zu planen, Dinge zu organisieren, Aufgaben zu bewältigen oder auch Entscheidungen zu treffen. Das kannst du dir also stark vereinfacht als einen etwas konfusen, chaotischen Chef oder Kapitän vorstellen.

Die Ursache dafür liegt wiederum in einem Ungleichgewicht der beiden Neurotransmitter namens *Dopamin* und *Noradrenalin*. Diese beiden biochemischen Stoffe sind im Gehirn für die Weiterleitung von Informationen zuständig und fungieren zudem als eine Art Reizfilter. Während das Dopamin wie ein »Türsteher« unwichtige Informationen in einer Konzentrationsphase gar nicht erst »reinlässt«, betont hingegen Noradrenalin die wichtigen Informationen und verstärkt diese. Unser Gehirn produziert diese beiden Neurotransmitter selbstständig und nach Gebrauch werden die Stoffe von den Zellen im Gehirn wieder aufgenommen. Bei ADHS werden jedoch zu viel Dopamin und Noradrenalin wieder aufgenommen und sind deswegen nicht dort vorhanden, wo das Gehirn sie eigentlich bräuchte. Vielleicht hast du mal gehört, wie im Zusammenhang mit ADHS von einem »Dopamin-Mangel« gesprochen wird. Das ist nicht ganz korrekt. Denn genau genommen ist nicht zu wenig Dopamin vorhanden, sondern die Körperzellen von ADHSler:innen nehmen das Dopamin zu schnell auf.

Du kannst dir das vorstellen wie ein paar Schiffe auf dem Meer. Wenn ausreichend Schiffe vorhanden sind, dann können Informationen oder Waren gut weiter zwischen den Häfen transportiert werden. Wenn aber die Schiffe zu oft zur Inspektion und Wartung im Hafen bleiben müssen, gibt es zu wenig Boote, um die Waren zu transportieren. Es kommt zu »Stau« oder, um es wieder aufs Hirn zurück zu übertragen, bestimmte Informationen können nicht gut verarbeitet werden. Bei ADHS handelt es sich also nur bedingt um eine Störung der Konzentrationsfähigkeit, sondern vielmehr um eine Störung der Aufmerksamkeitssteuerung und Priorisierung durch einen verringerten Reizfilter.

Exekutive Funktionen und ihre Bedeutung

Für diejenigen, die noch etwas tiefer ins Thema »Chef im Gehirn« einsteigen wollen, folgt hier eine kurze Zusammenfassung der wichtigsten Aspekte.

Exekutive Funktionen kommen immer genau dann zum Einsatz, wenn wir aus unseren Routinen ausbrechen und neue Dinge lernen oder anwenden. Es gibt drei Bestandteile der exekutiven Funktionen, die wiederum Einfluss haben auf unser logisches Denken, Problemlösen und Planen:

+ **Arbeitsgedächtnis:** die Fähigkeit, sich Informationen zu merken und Verbindungen mit bereits vorhandenem Wissen herzustellen.
+ **Inhibitionskontrolle:** die Fähigkeit, die eigene Aufmerksamkeit, das Verhalten, die Gedanken und/oder Gefühle zu kontrollieren. Das bedeutet, dass wir einer inneren oder äußeren Versuchung widerstehen, um uns angepasst zu verhalten oder das Verhalten zu zeigen, was in diesem Moment günstig ist.
+ **kognitive Flexibilität:** die Fähigkeit, andere Perspektiven einzunehmen oder sich den Anforderungen eines Problems, neuer Aufgaben, Regeln oder Prioritäten anzupassen. Für die kognitive Flexibilität ist auch vorausschauendes Planen notwendig sowie Zeitgefühl.

Diese exekutiven Funktionen sind bei ADHS zumeist eingeschränkt. Daher fällt es Kindern mit ADHS schwerer, sich zu konzentrieren, Zeit wahrzunehmen, Informationen im Gedächtnis zu behalten, ihre Impulse zu kontrollieren und sich selbst zu regulieren.

Was bedeutet das für dein Kind?

Die Erkenntnisse über die exekutiven Funktionen helfen dir, dein Kind besser zu verstehen. Das oben beschriebene Ungleichgewicht von Dopamin und Noradrenalin führt zu Problemen in der Aufmerksamkeitssteuerung. Was wiederum *nicht* bedeutet, dass dein Kind sich gar nicht konzentrieren kann. Es fällt ihm aber schwerer, die Aufmerksamkeit gezielt zu lenken. Wodurch es sich insbesondere auf unbeliebte, monotone Aufgaben schlechter konzentrieren kann. Dies liegt daran, dass Dopamin als »Glückshormon« insbesondere bei Aufgaben produziert wird, welche Spaß machen oder einen gewissen Nervenkitzel beinhalten. Dies ist bei Schulaufgaben leider oft nicht der Fall …

Außerdem hat dein Kind mit ADHS Schwierigkeiten in der Emotionsregulation und kann seine eigenen Impulse oftmals nicht oder nur schwer unterdrücken oder zurückstellen. Durch das fehlende oder unzureichende Zeitgefühl ist es für dein Kind auch wenig nachvollziehbar, dass in der Zukunft eine höhere Belohnung auf es wartet – also zum Beispiel Lernen in der Schule durchaus Sinn machen kann, um später den Job ausüben zu können, den es gerne ausüben würde.

Diese und andere Themen erfordern eine Weitsicht in die Zukunft, die bei Kindern mit ADHS häufig nicht vorhanden ist. Für dein Kind gibt es – vereinfacht gesagt – nur »jetzt« und »nicht jetzt«! Daher stellt die Selbstorganisation von Projekten ADHSler:innen oft vor eine große Herausforderung. Sie neigen dann zum Aufschieben von Aufgaben und einem Erledigen auf die letzte Minute. Ganz wichtig: Die exekutiven Funktionen können erlernt und verbessert werden. Es braucht dafür Geduld, Training und die passenden Hilfsmittel, die wir in den folgenden Kapiteln nach und nach erklären werden.

Wie kannst du deinem Kind ADHS erklären?

Vielleicht steckt ihr gerade mitten in der ADHS-Diagnostik oder plant eine solche. Dann ist es wichtig, deinem Kind altersgerecht zu erklären, was gerade los ist. Kinder mit ADHS haben ohnehin häufiger das Gefühl, anders als die anderen Kinder zu sein. Vielleicht geht es deinem Kind genauso? Spätestens wenn eine Therapie oder Medikamente ins Spiel kommen, solltest du mit deinem Kind über die Diagnose sprechen. Je nach Alter kann das unterschiedlich ausfallen. Im Jugendalter könnt ihr gemeinsam den gesamten Erklärteil zu ADHS lesen. Denn je besser er oder sie Bescheid weiß, desto souveräner ist der eigene Umgang damit möglich.

Im Grundschulalter oder noch jüngeren Kindern empfehlen wir eine andere Vorgehensweise. Hast du dein Kind schon einmal gefragt, wie sich ADHS für es anfühlt? Einige Kinder haben ihre eigenen Bilder, an die ihr anknüpfen könnt. Andernfalls kannst du wie folgt einen Dialog beginnen:

Vom Chaos auf dem Meer und im Kopf

»Stell dir das Gehirn einmal vor wie viele verschiedene Meere und Flüsse, die überwunden werden müssen, um etwas zu transportieren. Überleg mal: Was brauchen die Menschen, um Sachen ans andere Ende der Welt zu bringen? – Genau, Flugzeuge und Boote zum Beispiel.« Bei solchen Geschichten ist es wichtig, dass du die Begriffe deines Kindes übernimmst und daran weitererklärst. »Doch was passiert, wenn nicht genug Boote und Flugzeuge vorhanden sind, um die Sachen zu transportieren? – Genau, dann kommen diese nicht am anderen Hafen an, gehen vielleicht sogar verloren oder bleiben einfach liegen. Genauso ist es im Gehirn bei ADHS. Im Gehirn müssen viele Informationen transportiert werden. Und die gehen bei ADHS schon mal verloren und kommen nicht da an, wo sie gebraucht werden. Ein ziemliches Chaos im Kopf.«

Manche Kinder beschreiben das Chaos im Kopf auch als einen Strudel oder sagen, sie haben das Gefühl, es würden viele Affen wild durcheinanderrennen. Erkläre deinem Kind, dass man auch viele Sachen mit wenigen Schiffen herumfahren kann – wenn dies gut koordiniert wird. Auch dein Kind kann lernen, Aufgaben schrittweise und vollständig zu erledigen. Mit dir als Elternteil oder in einer Therapie.

Egal, welche Erklärung du für dich und dein Kind auswählst, passe das Bild an die Erlebniswelt deines Kindes an: Autos, Pferde, Ritter … Manche Eltern zeichnen die Geschichte auch auf oder spielen sie nach. Die wichtigste Aussage bei all dem: **Nichts mit deinem Kind ist falsch.** Dein Kind ist großartig, so wie es ist. Gleichzeitig hat es in manchen Situationen noch Schwierigkeiten und du möchtest es unterstützen, den Alltag leichter zu bewältigen.

Was ist Gewaltfreie Kommunikation?

Viele Menschen haben sich schon darin versucht, die Gewaltfreie Kommunikation kurz und knapp zu erklären. Marshall B. Rosenberg würde an dieser Stelle vermutlich verschmitzt lächeln und sagen: »It's simple, but not easy« (Es ist leicht, aber nicht einfach). Denn so hat der amerikanische Psychologe und Erfinder der GFK sein in den 1960er-Jahren entwickeltes Konzept selbst beschrieben.[4] Auf der einen Seite basiert es auf sehr klaren, einfachen Komponenten. Im Wesentlichen sind dies die vier Schritte (Beobachtung, Gefühl, Bedürfnis, Bitte) und die drei Säulen (Selbstempathie, Empathie und achtsamer, authentischer Selbstausdruck). Diese sind schnell erklärt. Mindestens genauso wichtig ist jedoch die Haltung hinter den Worten. Denn wenn wir es bei der bloßen, mechanischen Anwendung der Theorie belassen, dann können diese ihre wahre Kraft nicht entfalten.

Eine mögliche Definition könnte also lauten: Die Gewaltfreie Kommunikation ist eine Methode, die uns dabei unterstützt, nach und nach in eine bestimmte Haltung hineinzuwachsen: »Ich bin okay und du bist okay.« Es gibt keinen Grund für Machtkämpfe und für einen Streit über »richtig« oder »falsch«. Und etwas ausführlicher: Die Methode ermöglicht es uns, eigene und fremde Bedürfnisse und Gefühle zu verstehen und diese auf eine respektvolle und einfühlsame Weise auszudrücken. So trägt die GFK nicht nur dazu bei, dass wir uns selbst immer besser kennenlernen und sagen können, was uns *wirklich* wichtig ist. Sondern sie steigert unsere Empathiefähigkeit und unterstützt uns darin, Konflikte konstruktiver (und am Ende auch schneller und nachhaltiger) zu lösen. Ohne dass es Gewinner:innen oder Verlierer:innen gibt oder die Eltern-Kind-Beziehung dadurch belastet wird. Dies ist möglich, weil wir durch die Methode der GFK lernen, uns sowohl beim Zuhören als auch beim Sprechen auf vier Bereiche zu fokussieren: was wir beobachten, was wir fühlen, was wir brauchen und worum wir bitten.

Wie die Gewaltfreie Kommunikation entstanden ist

Marshall B. Rosenberg wurde 1934 geboren und machte in seiner Kindheit zwei prägende Gewalterfahrungen: Er erlebte 1943 hautnah die blutigen Rassenunruhen in Detroit und war zudem als Jude mit Antisemitismus konfrontiert. Gleichzeitig erlebte er Menschen in seinem Umfeld, die trotz eigener Probleme ein offenes Ohr und Herz für andere behielten und sich für diese einsetzten. Zwei Fragen beschäftigten ihn: 1. Was trägt dazu bei, dass Menschen mehr oder weniger gewaltbereit sind? 2. Wie schaffen es Menschen, trotz Widrigkeiten und unangenehmer Erfahrungen einfühlsam zu bleiben? Seine Erkenntnis: Unsere Art, zu denken und mit uns selbst oder anderen zu reden, ist entscheidend.
Rosenberg wurde inspiriert von den amerikanischen Bürgerrechtsbewegungen, der Gewaltlosigkeit nach Mahatma Gandhi sowie dem Aktiven Zuhören nach Carl Rogers. Rosenbergs Buch »Nonviolent Communication: A Language of Life« (dt.: Gewaltfreie Kommunikation – eine Sprache des Lebens, erschienen 1983) wurde in über 30 Sprachen über-

setzt. Er war als Mediator, Redner und Trainer weltweit unterwegs. Auch Schulen und Kindergärten erreichte er mit seiner Vision. Rosenberg starb 2015 – die GFK lebt mit dem »Center of Nonviolent Communication« (CNVC) und Trainer:innen allerorts weiter.

Das Ziel der Gewaltfreien Kommunikation ist Verbindung

Wenn du die Gewaltfreie Kommunikation als Haltung mehr und mehr verinnerlichst, dann unterstützt sie dich dabei, mit anderen in Verbindung zu kommen und zu bleiben. Diese Verbindung ist die Voraussetzung, um wirklich gehört zu werden mit dem, was uns wichtig ist. In seinen Vorträgen hat Marshall B. Rosenberg stets betont: »[Empathic] Connection before Correction.«[5] Was so viel heißt wie: Gehe erst mit deinem Gegenüber in Verbindung und schaue, dass in diesem Moment die Beziehung stimmt. Und sprich erst dann unangenehme Themen an.

Es geht dabei allerdings nicht nur um die Verbindung zu anderen Menschen, sondern vor allem zunächst um die Verbindung zu uns selbst. Sicher kennst du solche Situationen, in denen du etwas siehst oder hörst, was dir nicht gefällt. Statt zunächst zu schauen, was uns in diesem Moment so reizt, neigen wir dazu, direkt zu reagieren. Also beispielsweise das Kind zu ermahnen, zu schimpfen oder ein Urteil über es zu fällen. Oder aber andersherum: Vielleicht tendierst du auch in bestimmten Situationen dazu, dir selbst Vorwürfe zu machen oder dir die Schuld dafür zu geben, dass etwas nicht funktioniert. Beide Varianten belasten langfristig die Beziehung zu dir selbst und zu anderen Menschen.

Viel entspannter und gleichzeitig zielgerichteter wird die Kommunikation, wenn du dir zunächst einen kleinen Moment nimmst, um dir zu überlegen, um was es dir gerade *wirklich* geht. Warum soll dein Kind sitzen bleiben, bis alle aufgegessen haben? Was ist dein guter Grund dafür? Sobald du diesen guten Grund (dein Bedürfnis) ausfindig gemacht hast, kannst du deinem Kind mitteilen, inwiefern sein Verhalten gerade ganz konkret dein Wohlbefinden beeinträchtigt und was du dir stattdessen wünschst.

Zur Veranschaulichung: Sicher kämst du niemals auf die Idee, mitten im Wald in dein Smartphone zu sprechen, wenn du keinen Empfang hast. Du würdest zunächst an eine Stelle gehen, an der das Signal stärker wäre. Dann würdest du überprüfen, ob die Verbindung steht – und erst dann sprechen. Schon erstaunlich, dass wir diesen Schritt in unserer alltäglichen Kommunikation mit den Kindern oft auslassen, oder?

Unsere herkömmliche Sprache ist oft trennend und somit »gewaltvoll«

Um zu verstehen, worin der Schatz der GFK liegt, werfen wir einen Blick auf unsere herkömmliche Alltagssprache. Diese ist in der Regel voll von moralischen Urteilen, Analysen, Vergleichen, Beschämungen, Beschwichtigungen und so weiter. Rosenberg nennt das eine »lebensentfremdende Kommunikation«. Diese Art, zu denken und zu sprechen, so seine feste Überzeugung, lässt uns unsere »natürliche, einfühlsame Natur« verlieren. Und nicht nur das: In Kategorien von »richtig« und »falsch« oder »gut« und »schlecht« zu denken betont das Trennende und führt so schnell zu Konflikten und Widerstand oder der Suche danach, wer für eine bestimmte Situation die Schuld trägt. Nur allzu schnell werden Gespräche dann zu einem Machtkampf, einer ewigen Abfolge von »nein« und »doch«, die am Ende niemanden weiterbringt, sondern – im Gegenteil – alle frustriert zurücklässt. Eine weitere Form der »lebensentfremdenden Kommunikation« ist das Leugnen von persönlicher

Verantwortung durch bestimmte Formulierungen wie »müssen« oder das unpersönliche Wörtchen »man«. Auf all das gehen wir noch ausführlicher ein – und bieten dir alternative Formulierungsideen an.

Die vier Schritte in der Gewaltfreien Kommunikation

Das Herzstück der Gewaltfreien Kommunikation ist die sogenannte *Vier-Schritte-Methode.* Marshall B. Rosenberg selbst hat den Begriff »Komponenten«[6] benutzt, was eine wichtige Tatsache unterstreicht: In unserer täglichen Kommunikation ist es gar nicht wichtig, immer alle vier Schritte hintereinander zu nutzen – schon gar nicht dann, wenn wir mit einem Kind mit ADHS sprechen. Damit würden wir es in den allermeisten Situationen schlicht überfordern, da lange und unnatürliche Bandwurmsätze entstehen können. Hilfreich sind die vier Komponenten hingegen dabei, immer mehr von einer trennenden Kommunikation zu einer verbindenden Kommunikation zu gelangen. Denn sie geben uns einerseits innere Klarheit und unterstützen uns andererseits darin, unsere eigenen Filter, durch die wir die Welt betrachten, kritisch zu hinterfragen und offener für andere Ansichten zu werden.

Die vier Schritte bringen auf den Punkt, was verbindende Kommunikation beinhaltet: 1. **Beobachte,** statt zu bewerten. 2. Sprich über deine **Gefühle** statt über deine Gedanken oder Schuldzuweisungen. 3. Komme in Kontakt mit deinen **Bedürfnissen**, statt dich auf eine Lieblingsstrategie festzulegen. 4. Setze auf Kooperation, indem du eine **Bitte** stellst, statt etwas zu fordern. Im Folgenden erfährst du, was die vier Schritte in der Theorie beinhalten, denn ein grundlegendes Verständnis der Vorgehensweise ist für die Umsetzung in der Praxis wichtig.

Schritt 1: Beobachtung – Was ist, wertfrei beobachtet, konkret passiert? Was hast du gehört oder gesehen? Eine Beobachtung ist all das, was wir – und andere ebenfalls – mit den Sinnen wahrnehmen können. Stelle dir vor, was eine Videokamera aufzeichnen würde. Eine echte, wertfreie Beobachtung klingt so wie eine Regieanweisung in einem Drehbuch. Mache doch mal den Test mit deinem Kind: Könnte es die Situation mit deiner Beschreibung nachspielen? Oder andersherum du mit seiner Beschreibung? Das Gegenteil von einer Beobachtung ist die Bewertung oder Interpretation. Es fällt uns meist viel leichter zu sagen, was wir über eine Situation oder eine Person denken. Mache dir jedoch klar: Deine Perspektive ist nur eine von vielen. Und im Zweifelsfall hast du auch nur einen kleinen Ausschnitt mitbekommen und füllst deine Lücken mit Erfahrungen aus der Vergangenheit oder Befürchtungen in Bezug auf die Zukunft aus.

Hausaufgaben machen: Beobachtung

Aus der Bewertung »Du bist heute mal wieder total unkonzentriert bei deinen Hausaufgaben« wird »Wir haben vor 30 Minuten mit den Hausaufgaben begonnen. In dieser Zeit bist du zehn Mal aufgestanden und hast zwei Aufgaben gerechnet«.

Der zweite Satz aus dem Beispiel ist zunächst eine klare Beobachtung (vorausgesetzt, du hast wirklich mitgezählt, wie oft dein Kind schon aufgestanden ist). So ist die Situation. Darüber reden wir hier. Und genau deswegen ist die Beobachtung so hilfreich. Mit ihr finden wir einen gemeinsamen Ausgangspunkt für das Gespräch. Zudem vermeiden wir Missverständnisse und zuweilen auch Widerstände. Im besten Falle spürt dein Kind keine Bedrohung oder einen Angriff. Hier kommt allerdings die Haltung ins Spiel. Möchtest du mit deinem Kind darüber ins Gespräch kommen und gemeinsam eine Lösung finden? Oder äußerst du zwar – technisch sauber – eine Beobachtung, aber hast dein Urteil im Grunde schon gefällt? Die Beobachtung kann dir in jedem Falle helfen, Abstand zu bekommen. Indem du dich innerlich fragst: »Okay, was passiert hier eigentlich gerade?« Gerade wenn du sehr aufgebracht bist, kann dich das wieder zurück auf den Boden der Tatsachen holen.

Schritt 2: Gefühl – Welche Gefühle hat die Beobachtung in dir ausgelöst? Wie ging es dir mit der Situation oder mit dem, was dein Gegenüber gesagt oder getan hat? Eine Gefühls-Liste kann dich bei der Erweiterung deines Wortschatzes (und dem deines Kindes) unterstützen. Du findest diese im Download-Bereich. Gefühle sind so etwas wie unsere Signalleuchten. Ist alles im grünen Bereich? Dann haben wir Gefühle, die wir als angenehm empfinden, etwa Freude oder Zuneigung. Diese Gefühle deuten auf erfüllte Bedürfnisse hin. Unangenehme Gefühle hingegen, etwa Wut, Traurigkeit oder Angst, sind so etwas wie unsere rote Warnleuchte, die uns sagt: Schau mal hin! Hier stimmt was nicht. Oder anders gesagt: Bedürfnisse sind unerfüllt. Oftmals wissen wir nur gar nicht so genau, was wir wirklich fühlen. Weil wir mehr im Kopf feststecken als in unseren Körperempfindungen (wie Gänsehaut, Ziehen im Magen, Kribbeln im Bauch, Wärme im Gesicht …). Deswegen lassen sich Gefühle auch schnell mal mit Gedanken verwechseln. Und manchmal »tarnen« sich Gedanken auch als Gefühle (Pseudogefühle). Wenn wir lernen, unsere Gefühle und unsere Gedanken klar voneinander zu trennen, können wir in diesem Moment ganz bei uns selbst sein – und sind somit nicht in der Beurteilung unseres Gegenübers. Du verlässt somit die Opferrolle und übernimmst aktiv die Verantwortung.

Hausaufgaben machen: Gefühl

Statt zu sagen »Du wirst hier wohl heute gar nicht mehr fertig werden«, kannst du deine Gefühle äußern: »Ich merke, wie ich unruhig werde.« Oder: »Ich sorge mich, dass wir es gleich nicht zum Training schaffen.« Andersherum kannst du dein Kind auch nach seinen Gefühlen fragen oder eine Vermutung darüber anstellen: »Ist dir langweilig? Bist du frustriert, weil du hier sitzen sollst?«

Schritt 3: Bedürfnis – Auf welche unerfüllten oder erfüllten Bedürfnisse weisen dich deine Gefühle hin? Was brauchst du gerade? Was braucht dein Kind in dieser Situation? Auch hier kann dich die Liste im Download-Bereich unterstützen, um die Vielzahl der Bedürfnisse kennenzulernen. Wichtig ist es, hinter das Verhalten zu schauen und den eigenen Blick zu weiten. Wir versuchen, den »guten Grund« zu erkennen, der hinter dem Handeln steckt. Auch oder gerade dann, wenn uns das Handeln nicht gefällt.

Die GFK basiert auf einigen Grundannahmen dazu:

+ Alle Menschen haben die gleichen Bedürfnisse (wenn auch nicht unbedingt zur gleichen Zeit und gleich stark ausgeprägt).
+ Mit allem, was wir tun, versuchen wir uns Bedürfnisse zu erfüllen.
+ Die Art und Weise, *wie* wir versuchen zu bekommen, was wir brauchen, kann zerstörerisch sein oder zu Konflikten führen.

Mit dem Blick auf die Bedürfnisse hast du einen Schlüssel in der Hand, euer Familienleben positiv zu beeinflussen. Denn wie oben bereits erwähnt, entstehen Konflikte meist auf der Strategie-Ebene. Eine Strategie ist spezifisch, sie basiert auf einer genauen Vorstellung davon, welche Person was wann und wie tut. Hierzu schreiben die GFK-Trainerinnen Liv Larsson und Katarina Hoffmann: »Sobald eine oder beide Parteien erkennen, um welche Bedürfnisse es geht und sie diese von den Strategien trennen, erleichtert das die Konfliktlösung. Ist uns bewusst, dass die Person, mit der wir einen Konflikt haben, ebenfalls verzweifelt versucht, ein Bedürfnis zu befriedigen, wird es uns viel leichter fallen, Wege zu finden, die unser beider Bedürfnisse erfüllen – ohne dass einer von uns auf- oder nachgeben muss.«[7]

Hausaufgaben machen: Bedürfnis

Statt eine konkrete Lösung zu benennen wie »Du bleibst jetzt am Tisch sitzen, bis alles erledigt ist«, kannst du den Ball an dein Kind zurückspielen, indem du fragst: »Was brauchst du, damit wir hier weitermachen können? Hast du eine Idee?« Natürlich bedarf das einer gewissen Übung und anfangs auch der engen Begleitung und Anleitung durch dich als erwachsene Bezugsperson. Du könntest auch eine Vermutung anstellen, etwa so: »Kann das sein, dass du jetzt gerade Bewegung brauchst? Und vielleicht auch die Sicherheit, dass wir heute noch etwas unternehmen, was dir Spaß macht?« Und wenn du auf deine eigenen Bedürfnisse schaust: Was täte **dir** jetzt gut? Zuversicht? Unterstützung? Leichtigkeit?

Schritt 4: Bitte – Welche konkreten Ideen fallen dir für eine Lösung ein? Was ist der nächste Schritt? Worum möchtest du andere oder dich selbst bitten? Nachdem wir wissen, was geschehen ist (Beobachtung), was das bei uns ausgelöst hat (Gefühl) und was wir brauchen (Bedürfnis), können wir eine Bitte äußern.

+ Eine Bitte können wir an einen anderen Menschen oder uns selbst richten.
+ Hinter der Bitte steckt die Idee, das Leben schöner zu machen (so formuliert es Marshall B. Rosenberg).
+ Die Bitte ist eine Einladung – sie setzt auf Freiwilligkeit.
+ Druck, Zwang, Einschüchterung oder Bestechung fallen daher weg.

Bitten sind also so formuliert, dass das Gegenüber auch »nein« sagen kann. Außerdem sind sie konkret, positiv, bezogen auf das Hier und Jetzt und erfüllbar durch die angesprochene Person. Immer wieder hören wir den folgenden Einwand: »Ja und was mache ich, wenn mein Kind der Bitte nicht nachkommt? Da kann ich lange warten, bis es etwas freiwillig tut.« Zweifelsfrei gibt es Situationen, in denen es sehr herausfordernd bis unmöglich sein kann, eine »echte« Bitte zu stellen. Auf diese kommen wir noch in Kapitel 4 und 7 zu sprechen. Nach vielen Jahren mit der GFK und drei Kindern (davon einem mit diagnostizierter ADHS) kann ich (Birthe) jedoch ganz klar sagen: Es gibt fast immer einen Weg, der auf Kooperation beruht. Manchmal braucht es dafür einen längeren Atem. Vor allem braucht es jedoch viel eigene Klarheit. Welchen Sinn hat meine Bitte gerade? Was ist mein guter Grund dahinter? Inwiefern betrifft mich das bzw. wie wichtig ist es mir? Und letztlich auch: Welches Verhalten wünsche ich mir denn nun konkret? Kommt dann tatsächlich ein »Nein« des Kindes, ist es an mir, wie ich darauf reagiere. Frage ich mich, was es braucht, um kooperieren zu können? Bin ich flexibel in der Art, wie etwas gemacht wird (mein Bedürfnis erfüllt wird)?

Manchmal reichen auch die eigenen Ressourcen nicht aus, um zuzuhören oder Klarheit zu finden und immer und immer wieder in den Kontakt zu gehen. Dann ist es fairer, transparent zu machen, dass es sich um eine Forderung handelt – und nicht um eine Bitte. Dazu Marshall B. Rosenberg: »Wenn unser Ziel nur darin besteht, andere Leute und ihr Verhalten zu ändern oder unseren Willen durchzusetzen, dann ist die GFK nicht das geeignete Werkzeug.«[8]

Hausaufgaben machen: Bitte

»Komm, wir stellen einen Timer und tanzen fünf Minuten lang. Danach setzen wir uns gemeinsam hin und lösen die nächsten beiden Aufgaben, wollen wir das ausprobieren?« Ein Beispiel für eine Bitte an dich selbst wäre: »Ich nehme mir jetzt selbst den Druck raus, indem ich meinen Termin nach hinten verlege und mir eine Tasse Tee mache, um wieder gelassener zu werden.«

Die drei Säulen oder das »Haus der GFK«

In den Beispielen hast du schon verschiedene Möglichkeiten aufgezeigt bekommen, wie du die vier Schritte nutzen kannst. In der GFK-Theorie sind diese Möglichkeiten als die drei Säulen oder drei Wege bekannt: **Empathie** (einfühlsames Zuhören), **Selbstempathie** und (authentischer, achtsamer) **Selbstausdruck**. Verschiedene Trainer:innen (wie beispielsweise Al Weckert[9]) nutzen zur Veranschaulichung auch das »Haus der GFK« (siehe Grafik). Jede dieser Säulen ist wichtig – und in der Kommunikation ist jede dieser Fähigkeiten gleichermaßen gefragt. Gespräche sind oft ein wahres Pingpong zwischen Empathie, Selbstausdruck und Selbstempathie. Jeden der Bereiche kannst du getrennt voneinander trainieren und ausbauen. Solltest du gerade mit der GFK starten, beginne am besten mit der Selbstempathie.

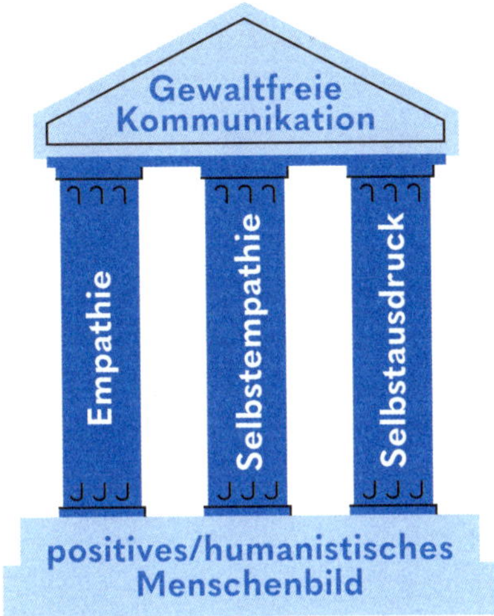

+ Die **Selbstempathie** (auch Selbsteinfühlung genannt) kannst du dir wie einen inneren Dialog vorstellen. Dieses Wahrnehmen der eigenen Gefühle und Bedürfnisse, also die »einfühlsame Verbindung« zu dir selbst, ist die Voraussetzung für ein wertschätzendes, verbindendes Gespräch mit deinem Kind.
+ Das einfühlsame, empathische Zuhören – die **Empathie** – hat allein zum Ziel, mit der vollen Aufmerksamkeit beim Gegenüber zu sein und so vorbehaltlos wie möglich aufzunehmen, was dieses sagt (oder auch nicht sagt). Gar nicht so leicht. Und doch der Schlüssel für ein friedvolles Miteinander.
+ Und um mit einem Vorurteil aufzuräumen: Gewaltfreie Kommunikation heißt *nicht*, dass du immer zu deinen Kindern lieb und nett bist und deine eigenen Bedürfnisse zurückstellst. Nein, mit dem authentischen **Selbstausdruck** sagst du klipp und klar, was dir wichtig ist. Was du fühlst. Was du brauchst. Natürlich möglichst achtsam und ohne dabei verbale Gewalt (wie Schuldzuweisungen etc.) anzuwenden.

Wolfssprache und Giraffensprache

Vielleicht bist du auch schon den Begriffen »Wolfssprache« und »Giraffensprache« begegnet. Marshall B. Rosenberg selbst verwendete diese Tiersymbole (statt »Wolf« war es ursprünglich ein »Schakal«), um die verschiedenen Arten der Kommunikation zu verdeutlichen. Gerade mit jüngeren Kindern können die Symboltiere hilfreich sein, um die Unterschiede deutlich zu machen. Wichtig dabei ist: Weder »Wolf« noch »Giraffe« sind böse oder gut und beide haben ihre Berechtigung. Darauf werden wir im Folgenden noch weiter eingehen.

+ **Giraffe:** Ihr langer Hals hilft ihr dabei, den Überblick zu behalten und Dinge auch mal mit etwas Abstand zu betrachten. Sie ist das Landtier mit dem größten Herzen, was symbolisch für ihren Kontakt mit den Gefühlen und Bedürfnissen steht. Zudem ist sie ein eher langsames Tier und zupft zum Beispiel mit viel Bedacht Blatt für Blatt von den Bäumen. Dies kann stellvertretend dafür gesehen werden, dass sie sich mit ihren Reaktionen mehr Zeit lässt. Eine Besonderheit ist die Zunge der Giraffe: Sie kann bis zu 50 Zentimeter lang werden und ist so beschaffen, dass sie die Dornen der Akazien (ihrem Lieblingsfressen) nicht spürt. Im übertragenen Sinne: Giraffen können Urteile und andere feindselige Botschaften ihres Gegenübers nichts anhaben.
+ **Wolf:** Er hat durch seine körperliche Konstitution ein eingeschränktes Sichtfeld, betrachtet also alles rein aus seiner verengten Perspektive. Er ist reaktionsschnell, »beißt« und »verbeißt« sich gern. Er steht für eine Denkweise in Kategorien wie »richtig« und »falsch«. Gleichzeitig ist auf ihn Verlass: Er meldet sich lautstark zu Wort, wenn er Ungerechtigkeit oder unerfüllte Bedürfnisse wittert. Der »innere Wolf« spielt eine wichtige Rolle beim Aufdecken (unterdrückter) Gefühle und Bedürfnisse.

Kapitel 2
Gewaltfreie Kommunikation im Alltag

Ist der Funke schon auf dich übergesprungen und spürst du, was alles durch und mit der Gewaltfreien Kommunikation möglich ist? Oder fragst du dich noch, wie das in deinem Alltag überhaupt funktionieren kann? Die beste, wertvollste Methode wird nichts taugen, wenn sie nicht zu euch und eurem Alltag passt. Deswegen vermitteln wir dir neben vertiefendem Wissen zu den drei Säulen der GFK vor allem direkte Impulse und Übungen zum Umsetzen. Bevor wir loslegen, noch ein paar Worte über die von uns gewählte Reihenfolge: Wir starten mit der Empathie (also dem einfühlsamen Zuhören), vertiefen dann die Selbstempathie (den liebevollen Umgang mit uns selbst) und kommen erst dann zum Selbstausdruck (also den Worten, die wir nutzen, um gehört zu werden). Vermutlich wirst du am meisten darauf brennen, endlich zu lernen, wie dein Kind das, was du sagst, besser aufnehmen kann. Das ist absolut verständlich. Und gleichzeitig kann das nur dann auf fruchtbaren Boden fallen, wenn wir diesen zuvor aufbereiten. Erinnerst du dich an die Situation mit dem Handy? Nur wenn beide Empfang haben, kann ein Gespräch zustande kommen. In Momenten mit starken Gefühlen (siehe Kapitel 5) ist nicht der richtige Zeitpunkt, um deinem Kind etwas über dich selbst mitzuteilen. Es wird dich ohnehin nicht hören. In diesen Momenten braucht es zunächst Empathie. Es will in dem, was es gerade empfindet und wahrnimmt, gehört und gesehen werden – ohne Vorurteile und erzieherische Agenda. Daher beginnen wir dieses Kapitel mit der Frage, was genau eigentlich Empathie ist – und was nicht. Zudem erfährst du, wie du ab sofort deinem Kind aufmerksamer zuhören kannst und damit sehr viel für eure Beziehung tust. Doch aus leeren Gefäßen können wir bekanntlich nicht einschenken. Oder anders gesagt: Manchmal können wir nicht empathisch zuhören und bräuchten eigentlich zunächst selbst Empathie. Da nicht immer eine passende andere Person dafür da ist, können wir uns diese Empathie auch selbst schenken – als Selbstempathie. Mit diesen beiden »Werkzeugen« bist du bestens ausgestattet, um dann auch deinem Kind zu sagen, was dir wichtig ist, was dir gefällt und natürlich auch, was dich gerade in diesem Moment an seinem Verhalten stört. Somit enden wir mit dem Bereich Selbstausdruck. Wie bereits erwähnt: Du kannst alle Bereiche getrennt voneinander üben. In der Alltagskommunikation brauchst du alle gleichermaßen und wechselst fließend zwischen ihnen hin und her. Schließlich erhältst du in diesem Kapitel noch konkrete Impulse dazu, wie du den Selbstwert deines Kindes durch Worte stärken kannst.

Zuhören will gelernt sein (Empathie)

Marshall B. Rosenberg sprach in vielen seiner Interviews (sinngemäß) von »Empathischer Verbindung« oder einem »Gehört werden auf eine ganz besondere Art«. Was er stets betonte: Es geht dabei NICHT darum, intellektuell verstanden zu werden, sondern darum, die Präsenz des anderen um sich herum zu spüren. Und zwar mit dem, was in dem jeweiligen Menschen gerade lebendig ist, also seinen Gefühlen und Bedürfnissen. Empathie im Sinne der GFK erkennst du demzufolge daran, wenn du dich nicht bewertet oder analysiert fühlst. Empathie bedeutet Anwesenheit mit allen

Sinnen. Rosenberg nannte das »empathisch aufnehmen«.[1] Echte Empathie will also nichts erreichen und ist absichtslos. Doch warum ist das so wichtig für dein Kind, dass du ihm auf diese Art und Weise zuhörst?

Weil ihr so gemeinsam zum Kern vordringt, den Bedürfnissen. Marshall B. Rosenberg glaubte an die »heilende Kraft der Empathie«.[2] Er half Menschen durch seine vollumfassende, empathische Präsenz, wieder in Kontakt mit sich und ihren Gefühlen und Bedürfnissen zu kommen. Dabei konnten sie, während sie eine Art Selbstgespräch mit Zuhörer:in führten, emotionale Belastungen oder unangenehme Erfahrungen aus ihrer Vergangenheit verarbeiten. Ein anderer bekannter GFK-Trainer, Robert Gonzales, führt diese Arbeit fort und bezeichnet sie als »Transforming pain to the beauty of needs«[3]. Es geht also darum, die Schmerzen zuzulassen (und als Zuhörende:r auszuhalten) – denn dann, wenn sie sein dürfen und ihren Raum bekommen, können sie transformiert werden in die »Schönheit der Bedürfnisse«. Was die oder den Sprechende:n wieder handlungsfähig macht und aus der Opferhaltung herausholt.

Empathie bedeutet auch: Wir wollen verstehen, was in unserem Gegenüber vorgeht, uns in ihre oder seine Schuhe stellen. So kann das gegenseitige Verständnis wachsen und eine tiefere Verbindung entstehen. Die Haltung ist dann im Sinne von »Wie war das für dich? Wie hast du die Situation eben erlebt?«. Wer auf diese Weise gehört wurde, wird im Anschluss viel aufgeschlossener dafür sein, unsere Version der Geschichte zu hören.

Übung
Welche Rolle spielt Empathie bisher in deinem Leben?

Nimm dir jetzt gerne ein paar Minuten Zeit, um das gerade Gelesene zu reflektieren und in deinen Alltag zu übertragen. Entweder, indem du die folgenden Fragen für dich im Kopf beantwortest, oder, was wir empfehlen, indem du dir Zettel und Stift nimmst und einige Notizen machst.

+ Was ist für dich Empathie?
+ Wann hast du selbst das letzte Mal »echte« Empathie erfahren?
+ Was hat die andere Person in der Situation gesagt oder getan? Versuche hier, so konkret wie möglich zu sein.
+ Wie hat sich diese Art des Gehörtwerdens für dich angefühlt?
+ Wann hast du das letzte Mal empathisch zugehört?
+ Wann fällt es dir leicht, empathisch zu sein, wann eher schwer? Wann ist es unmöglich?

Was Empathie verhindert – die 12 Kommunikationssperren

Der amerikanische Psychologe Thomas Gordon (1918–2002)[4] hat typische Entgegnungen von Eltern auf Aussagen ihrer Kinder in Kategorien zusammengefasst, in 12 Kommunikationssperren. Allen ist gemeinsam, dass sie entweder die Verbindung zum Kind unterbrechen können oder verhindern, dass diese überhaupt erst zustande kommt. Die Bereitschaft unseres Kindes, von seinen Problemen und Gefühlen oder vielleicht auch Missgeschicken zu erzählen, schwindet in der Regel, wenn wir auf diese Weise mit ihm sprechen. Gleiches gilt für die Bereitschaft des Kindes, seinem Gegenüber zuzuhören. Kommunikationssperren verhindern also Empathie. Daher ist es wichtig, dafür mit der Zeit sensibler zu werden, um sie sicher zu erkennen. Falls du dich im Folgenden sehr oft »ertappt« fühlen solltest: Denke immer daran, dass der erste Schritt auf dem Wege der Veränderung das bewusste Wahrnehmen ist.

Die 12 Kommunikationssperren – erläutert an einem Beispiel

Nehmen wir an, dein Kind kommt nach Hause und schreit: »Ich hasse die Schule, ich gehe nie wieder dahin!« Alle folgenden Entgegnungen behindern die Kommunikation:

1. Befehlen, anleiten, kommandieren
»Das kommt überhaupt nicht infrage! Natürlich gehst du weiter in die Schule.«

2. Warnen, ermahnen, drohen
»Wenn ich dich dabei erwische, wie du die Schule schwänzt, dann …«

3. Zureden, moralisieren, predigen
»Ja, das Leben ist eben kein Ponyhof. Jeder hat seine Pflichten.«

4. Vorschläge machen, (ungefragt) Lösungen anbieten
»Warum nimmst du dir nicht jeden Tag etwas Schönes vor, das du in der Schule erleben willst?« Oder: »Ich an deiner Stelle würde die Zeit dort genießen.« Oder: »Akzeptiere einfach, dass an der Schule kein Weg vorbeiführt.«

5. Mit Logik überzeugen, argumentieren
»Ja, aber in der Schule lernst du doch auch ganz viel. Außerdem sind da deine Freunde.«

6. Urteilen, kritisieren, beschuldigen
»Immer musst du übertreiben.« Oder: »Dein Gejammer macht es auch nicht besser.« Oder: »Deine Einstellung ist schuld, dass dir die Schule keinen Spaß macht.«
7. Loben, zustimmen
»Ja, das stimmt, diese Schule ist echt unmöglich.« Oder: »Ja, du wärst eigentlich woanders viel besser aufgehoben, bei deiner künstlerischen Begabung.«
8. Beschimpfen, lächerlich machen, beschämen
»Ah, mein lieber Herr Sohn ist sich zu fein für die Schule …«
9. Analysieren, interpretieren, diagnostizieren
»Weißt du, was dein eigentliches Problem ist? Du verwechselst Pflicht und Spaß.«
10. Beruhigen, trösten, bemitleiden
»Ach, so Phasen hat jeder mal. Morgen sieht die Welt ganz anders aus.«
11. Ausfragen, verhören
»Was war denn jetzt schon wieder los?« Oder: »Hast du etwa wieder Blödsinn gemacht?«
12. Ablenken, spötteln, sich zurückziehen, aufheitern
»Ach, die liebe Schule. Na komm, wir essen jetzt erst mal.« Oder: »Na klar, ab sofort keine Schule mehr für dich. Ich kann ja meinen Chef fragen, ob er dich einstellen will.«

Wie ist es dir mit diesen Sätzen ergangen? Manche davon hast du vielleicht selbst als Kind gehört. Andere kamen vielleicht schon aus deinem Mund. Falls du jetzt denkst, dass das ja alles gar nicht so schlimm ist, dann laden wir dich zu einem kleinen Gedankenexperiment ein. Stell dir mal vor, du erzählst deiner besten Freundin oder deinem besten Freund unter Tränen, dass dein:e Partner:in fremdgegangen ist. Möchtest du dann eine dieser Entgegnungen hören? Helfen diese dir in dem Moment weiter?

Natürlich hat nicht gleich jede dieser Aussagen schwerwiegende Folgen für die Beziehung zu deinem Kind. Und es gibt auch Situationen, in denen diese Aussagen keine Kommunikationssperren sind. Beispielsweise, weil ihr gemeinsam bastelt und du deinem Kind etwas erklärst oder es zu konkreten Handlungen anleitest. In dem Beispiel oben ist dein Kind jedoch mit einem Problem zu dir gekommen. Offensichtlich ist irgendetwas in der Schule vorgefallen, was es sehr wütend, vielleicht auch traurig gemacht hat. Reagierst du nun mit einer der Kommunikationssperren, wirst du zum einen wahrscheinlich nie den Grund erfahren. Andererseits kann dies weitere Folgen haben:

+ Das Kind lernt, seine Gefühle und Bedürfnisse zu unterdrücken bzw. ihnen nicht mehr zu trauen.
+ Es entwickelt entweder Angst vor der Macht der Eltern oder reagiert mit Widerstand und Rebellion.
+ Vielleicht denkt es: »Meine Eltern trauen mir wenig zu.«
+ Das Kind fühlt sich abgelehnt und unverstanden.
+ Das Kind zieht sich zurück.
+ Es reagiert mit Verteidigung und Gegenargumenten, es entsteht ein Machtkampf oder eine Endlosdiskussion.
+ Das Kind erzählt nichts mehr, da es Angst vor negativen Folgen hat.
+ Es fasst die Worte als Manipulation auf.
+ Es entstehen Unstimmigkeiten zwischen Selbst- und Fremdeinschätzung.
+ Es lernt, dass es lieber den Schwierigkeiten aus dem Weg geht.

Noch mal: Es muss davon nichts auftreten. Es kommt sehr darauf an, wie die Stimmung innerhalb der Familie generell ist. Natürlich spielt es auch eine Rolle, wie groß das Problem für das Kind selbst erscheint. Eine Möglichkeit, wie du stattdessen reagieren könntest, liest du im Fallbeispiel.

Anja holt ihre Tochter Milena (9) von der Schule ab. Statt ihre Mutter zu begrüßen, schmeißt das Mädchen ihren Tornister neben das Auto. Normalerweise hätte Anja geschimpft, wäre im Affekt dabei vielleicht sogar laut geworden: »Was machst du denn da? Bist du verrückt?« Doch am Tag zuvor hat sie mit einer Elterncoachin übers empathische Zuhören gesprochen und probiert etwas Neues aus. Sie sagt: »Ach Mensch, du bist wirklich richtig wütend! In der Schule muss heute echt etwas Doofes passiert sein, dass du deinen Tornister so auf den Boden wirfst.« Milena schaut ihre Mutter erstaunt an, da sie diese Reaktion von Anja nicht kennt. Im Auto kommt die Traurigkeit zum Vorschein, die sich hinter der Wut versteckt hat. Milena erzählt Anja von einer für sie sehr unangenehmen und peinlichen Situation in der Klasse. Anja hört mit voller Aufmerksamkeit zu und wartet, bis der Redefluss ihrer Tochter langsam stockt. Dann sagt sie tief bewegt: »Danke, dass du mir das erzählt hast.«

Empathie ausdrücken – praktische Tipps

»Tue nicht irgendetwas, sei einfach da«, sagt ein buddhistisches Sprichwort. Da wir es in unserer Gesellschaft jedoch meist gewohnt sind, dass unser Gegenüber auf das Gesagte reagiert, kommen hier noch ein paar Tipps, wie du signalisieren kannst, dass du aufmerksam zuhörst – ohne das Gehörte zu bewerten.

Empathisch zuhören:

+ Bleib mit deiner Aufmerksamkeit voll und ganz bei deinem Kind. »Parke« eigene Geschichten oder Gedanken für eine Weile. Wenn der Redefluss stockt, dann kannst du beispielsweise sagen:

  »Ich habe dazu so einen Gedanken. Willst du ihn hören?«

+ *Fühle* mit deinem Kind mit – das kannst du mit deiner Mimik ausdrücken oder auch sagen:

> »Okay, so fühlt sich das für dich an, ich verstehe.«

Du kannst zur Bestätigung auch nicken oder ein »Hm« oder einen anderen »sozialen Grunzlaut« einwerfen. Wenn dein Kind konkret fragt, ob du noch zuhörst, dann antworte ruhig:

> »Ja, ich höre alles, was du sagst.«

+ Doch Vorsicht: Sobald du mit*leidest*, also den Schmerz deines Kindes zu deinem eigenen machst, bist du nicht mehr in der Lage, echte Empathie zu schenken. Dann brauchst du zunächst selbst Empathie. Du kannst das Gespräch dann ggf. auch kurz unterbrechen, indem du sagst:

> »Puh, ich glaube, ich brauche eine Pause. Können wir gleich weiterreden?«

+ Nur allzu schnell geraten wir auf die falsche Fährte, weil wir das Kind in seinen Bewertungen bestätigen oder aber diese heftig verneinen (»*Ja, da hat er sich wirklich unmöglich verhalten!*« oder »*Ach Quatsch, das stimmt doch so gar nicht!*«). Konzentriere dich stattdessen lieber auf Gefühle und Bedürfnisse und erfrage diese.

> »Du klingst sehr wütend darüber, stimmt's?« *oder* »Und da hättest du dir gewünscht, dass er zu dir hält?«

+ Falls du deinem Kind Empathie gibst für eine Situation, in der du selbst dabei warst, versuche in einer neugierigen Haltung zu bleiben:

»Ah, so war das für dich!«

Das heißt keineswegs, dass du einverstanden sein musst mit dem, was du da hörst.

+ Versuche das Gespräch so wenig wie möglich zu lenken. Denke daran: Du lauschst als Zuhörer:in gerade einer Art Selbstgespräch. Anders ist das natürlich, wenn dein Kind dich direkt um Rat fragt. Doch auch dann kannst du zunächst den Ball zurückspielen:

»Was ist denn deine Idee dazu?«

Die Empathiefähigkeit deines Kindes entwickelt sich noch

Dem Komiker Karl Valentin wird folgender Satz zugeschrieben: »Kinder brauchen nicht erzogen werden, sie machen uns eh alles nach.« Und so ist es auch mit der Empathie. Wenn du deinem Kind vorlebst, wie es ist, auf andere Menschen einfühlsam zu reagieren, dann wird es das mit großer Wahrscheinlichkeit ebenfalls so machen. Erwarte jedoch bitte nicht zu viel. Denn dein Kind benötigt dafür zunächst die Fähigkeit zur Perspektivübernahme (also die Fähigkeit, sich in andere hineinversetzen zu können). Diese entwickelt sich jedoch erst im Laufe des Kleinkind- und Vorschulalters. Im Alter von zwei bis drei Jahren lernen Kinder, dass es einen Zusammenhang zwischen einem Wunsch, der Handlung und der emotionalen Reaktion gibt. So können Kinder im Alter von ungefähr zweieinhalb Jahren bereits sagen, dass ein Kind traurig ist, weil es nicht bekommen hat, was es wollte. Dabei gehen sie aber immer von der eigenen Sicht und ihrem eigenen Wissen aus. Sie können noch nicht verstehen, dass andere Kinder vielleicht anders denken oder ein anderes Wissen haben als sie. Um den vierten Geburtstag herum lernen Kinder, dass jemand etwas anders sehen kann als sie selbst. Sie lernen also, sich besser in andere hineinzuversetzen, und können Gefühle und Handlungen von anderen verstehen, auch wenn sie selbst nicht so gehandelt hätten. Diese Fähigkeit zur Perspektivübernahme ist der entscheidende Punkt, um andere Menschen und die Konsequenzen des eigenen Handelns als Strategie der Bedürfniserfüllung zu verstehen.

Empathie

Einen Menschen »empathisch hören« bedeutet,

+ dass wir das Ziel haben, mit diesem Menschen in Verbindung zu gehen,
+ dass wir eine wertschätzende Haltung einnehmen,
+ dass wir unsere ganze Aufmerksamkeit auf unser Gegenüber richten,
+ dass wir den Fokus unserer Aufmerksamkeit bei seinen Gefühlen und Bedürfnissen haben,
+ dass wir präsent sind im Hier und Jetzt.

Einen Menschen empathisch hören bedeutet NICHT,

+ dass wir seine Ansichten teilen,
+ ihm recht geben,
+ zu glauben, dass wir seine Bedürfnisse befriedigen müssen oder unsere eigenen Anliegen zurückstellen wollen.

Um was geht es mir wirklich? (Selbstempathie)

Vielleicht denkst du dir jetzt: Hach, wie schön wäre es, wenn auch mir mal jemand empathisch zuhören würde! Wir können dich an dieser Stelle nur dazu ermutigen, dir genau solche Menschen in deinem Umfeld zu suchen und mit ihnen zu vereinbaren, dass du sie anrufen kannst, wenn es gerade bei euch zu Hause »brennt«. In der GFK-Szene hat sich die Idee der »Empathy-Buddys« etabliert, deren einzige Aufgabe ist, präsent zuzuhören und vielleicht am Ende noch zu fragen: »Was täte dir jetzt gut?« Natürlich ist ein solcher Mensch nicht immer gleich zur Stelle, daher ist es gut zu wissen, dass du dir diese Empathie auch selbst geben kannst. Das nennt sich dann »Selbstempathie« und ist aus unserer Sicht einer der wichtigsten Schlüssel für ein friedvolleres Familienleben.

Zeit für Selbstempathie ist es immer dann, wenn du bei dir selbst folgende Reaktionen bemerkst:

+ Du widersprichst heftig oder beginnst, dich für dein Handeln oder dein Gesagtes zu rechtfertigen.
+ Du stellst Forderungen bzw. sprichst ein Machtwort und möchtest unbedingt, dass dein Kind jetzt und auf der Stelle hört.
+ Du hast Gedanken wie: »Das hat ja hier alles keinen Sinn.«
+ Du verurteilst dein Gegenüber für das, was es sagt oder tut.
+ Du fängst an zu drohen und sprichst Sätze mit »Wenn …, dann …«.
+ Du steckst dein Gegenüber in eine Schublade und gerätst in ein Scheuklappen-Denken.
+ Du hast Gedanken wie *Jetzt bin ich aber mal dran* oder *Mein Kind hat es nicht anders verdient.*

Denn dann ist dein sogenannter »Innerer Wolf« aktiv. Was gut ist. Denn er signalisiert dir in diesem Moment sehr klar, dass etwas aus der Balance geraten ist. Du bist in Not, weißt nicht mehr, wie du weitermachen sollst, und deine eigenen Bedürfnisse sind unerfüllt. Du fühlst dich gerade nicht gesehen und siehst alle deine Felle schwimmen. Vielleicht steigt auch Wut in dir auf. Alles keine guten Voraussetzungen, um nun mit deinem Kind in Verbindung zu treten. Leider ist es auch so, dass wir in den seltensten Fällen darauf hoffen können, dass das Kind ja auch mal Verständnis haben könnte oder Rücksicht nehmen soll. Denn es ist davon auszugehen, dass es deinem Kind ganz ähnlich geht. Wenn du als erwachsene Person an dieser Stelle nicht die Reißleine ziehst, dann ist ein Machtkampf schon nahezu vorprogrammiert. Und ganz ehrlich: Sind diese Machtkämpfe (gerade mit einem sehr willensstarken Kind) je wirklich gut ausgegangen, im Sinne von »jeder bekommt am Ende das, was er braucht«?

Nutze innere Selbstgespräche für dich

Hier haben die vier Schritte (siehe Kapitel 1) ihren großen Auftritt. Du kannst sie für ein »inneres Selbstgespräch« nutzen und so in deinem Kopf schnell(er) Klarheit schaffen und mit herausfordernden Situationen umgehen, etwa wenn dein Kind etwas sagt oder tut, das dich triggert.

Frage dich:

+ Welche Geschichte erzähle ich mir gerade selbst? (den eigenen Urteilen lauschen)
+ Was ist hier eigentlich genau passiert? Was beobachte ich gerade in und an mir? (Beobachtung)
+ Was löst das in mir aus/macht das mit mir? Wie reagiert mein Körper? (Gefühl)
+ Was brauche ich jetzt? (Bedürfnis)
+ Wie will ich das erreichen? Was will ich als Nächstes tun? (Bitte)

Du hast sicher bemerkt, dass hier vor den eigentlichen vier Schritten noch ein weiterer Schritt steht: den eigenen Urteilen lauschen. Denn diese sind in dem Moment ohnehin da und können wertvolle Hinweisgeber auf unerfüllte Bedürfnisse sein. Wenn möglich, schreibe dir diese sogar auf. Das muss gar nicht in der Situation selbst passieren – das ist gerade anfangs auch eher überfordernd. Aber vielleicht hast du abends ja Zeit und Muße, eine dieser Situationen noch einmal anhand der oben genannten Fragen durchzuspielen? Du wirst sehen: Irgendwann gelingt es dir immer häufiger, in der Situation selbst oder im Nachhinein zu schauen, wer was braucht, welche Bedürfnisse im Mangel sind und wo du mit deinem Kind zusammen nach Strategien suchen kannst. Zudem lernst du so, gut für dich zu sorgen, dich in Situationen klar abzugrenzen und die Gefühle deines Kindes nicht zu deinen eigenen zu machen. Ganz konkret bedeutet das: Wenn eine herausfordernde Situation auf dich zukommt, ziehe dich – wenn möglich – kurz aus dieser heraus. In den allerwenigsten Fällen ist eine sofortige Reaktion notwendig. Meistens geht es eben nicht um Leben und Tod. Wir mögen folgendes Zitat sehr gerne: »Zwischen Reiz und Reaktion liegt ein Raum. In diesem Raum liegt unsere Macht zur Wahl unserer Reaktion. In unserer Reaktion liegen unsere Entwicklung und unsere Freiheit.«[5] Dehne also diesen Raum aus, kühle dich ab, werde dir selbst klar, überlege, was du tun willst. Tritt erst dann mit deinem Kind in Kontakt. Natürlich gibt es Ausnahmen: Situationen, die ein direktes und klares Eingreifen erfordern (siehe Kapitel 4).

Wie du Urteile und Befürchtungen wandelst

Vielleicht hast du viele Urteile und Befürchtungen in Bezug auf dein Kind? Hier kann die GFK dich unterstützen, auf die dahinterliegenden Bedürfnisse und Werte zu schauen. Auch Schuld- und

Schamgefühle (die ja auf Urteilen über dich selbst beruhen) lassen sich mit den Werkzeugen der GFK viel besser bearbeiten. Marshall B. Rosenberg war überzeugt, dass »diese ganzen Analysen des Verhaltens anderer Menschen« im Grunde etwas anderes sind, nämlich »tragischer Ausdruck unserer eigenen Werte und Bedürfnisse«.[6] Die Tragik liegt demzufolge darin, dass durch diese Art des Sprechens beim Gegenüber Abwehr und Widerstand entstehen – und keineswegs die Verhaltensänderung, die wir dadurch erreichen wollen.[7] Deswegen ist es wichtig, dass du lernst, deine Urteile zu erkennen und zu übersetzen. Nur so kannst du authentisch sein und deinem Kind erklären, warum dir gerade etwas so unglaublich wichtig ist.

So geht es Schritt für Schritt zurück zu deinen Bedürfnissen:

+ Mache dir dein Urteil bewusst und sage dir selbst: Diese Gedanken sind keine Eigenschaften deines Kindes, sondern allein deine (gegenwärtigen) Urteile.
+ Frage dich: Welches Bedürfnis wäre erfüllt, wenn sich dein Kind anders verhalten würde?
+ Am einfachsten ist das, wenn du zum jeweiligen Urteil das Gegenteil formulierst. Denkst du beispielsweise »Mein Kind hält sich an keine Absprachen«, dann überlege: Was ist das positive Gegenstück dazu? Vielleicht »Zuverlässigkeit«? Oder du denkst: »Das ist rücksichtslos!« – das positive Gegenstück könnte »Rücksichtnahme« sein. Manchmal müssen wir aber noch ein wenig tiefer graben, indem wir uns beispielsweise überlegen, was sich für uns erfüllen würde, wenn das Kind zuverlässig oder rücksichtsvoll wäre. Geht es vielleicht doch eher darum, dass wir es dann leichter hätten und unser Alltag entspannter wäre? Sollte Letzteres der Fall sein, also die Leichtigkeit fehlen, kannst du einerseits überlegen, an welchen Stellen im Alltag ihr es euch leichter machen könnt (ggf. auch mit Unterstützung von außen, siehe Download-Bereich), und andererseits kannst du für dich selbst anerkennen, dass du dich eben oft nach Leich-

tigkeit sehnst und ihr es an manchen Stellen durch die ADHS vielleicht auch schwerer habt. Wo könntest du da für dich einen Ausgleich schaffen? Lies dazu auch Kapitel 8.

Übung
Urteile wandeln

Probiere es doch direkt mal aus und schreibe dir alle Urteile über dein Kind, dich selbst oder andere Personen auf. Suche dir dann eines aus, mit dem du die Schritte wie im Text ausführlicher beschrieben ausprobierst:

+ Wie lautet mein Urteil?
+ Welches Bedürfnis wäre erfüllt, wenn die Person sich anders verhält?
+ Was ist das positive Gegenstück zu meinem Urteil?

Das kannst du sagen, wenn du eine kurze Auszeit brauchst:

»Stopp, ich möchte so nicht mir dir reden. Ich gehe mich kurz um mich kümmern und komme dann zurück.«

»Puh, ich merke gerade, wie ich richtig wütend werde. Ich verlasse für einen Moment den Raum und überlege, was da los ist.«

»Ich brauche einen Moment Zeit für mich und merke, ich kann dir gerade gar nicht zuhören. Es ist mir aber wichtig, dass ich dich auch hören kann. Wir reden später weiter, okay?«

Auch gewaltfrei: Einen tiefen Atemzug nehmen oder die Faust in der Tasche ballen und den Raum verlassen (ggf. mit Ankündigung, um dem Kind Sicherheit zu geben).

So kommen Worte an (Selbstausdruck)

Wir sprechen, um gehört zu werden. Kaum etwas ist frustrierender als das Gefühl, unser Gegenüber nimmt uns gar nicht richtig wahr oder missversteht permanent, was wir sagen. In diesem Kapitel geben wir dir Impulse, worauf du bei deinen Formulierungen achten darfst – zum einen, damit auch wirklich ankommt, um was es dir geht. Zum anderen, um die Chance zu erhöhen, dass dein Kind das, was du ihm sagst, auch umsetzt und zum Beispiel nicht direkt in den Widerstand geht. Du hast bereits einige Merkmale einer gewaltbewussten und klaren Kommunikation kennengelernt. Hier vertiefen wir die Kraft und Wirkung verschiedener Worte noch einmal. Ehe du überhaupt anfängst zu sprechen, stelle zunächst einen unmittelbaren Kontakt zu deinem Kind her, etwa über eine Berührung und Blickkontakt oder die klare Aufforderung: »Bitte einmal mit deiner Aufmerksamkeit zu mir!« Du kannst es auch als Frage formulieren: »Kannst du einen Moment hinhören, bitte?« Egal wie du es formulierst, es ist gut möglich, dass du ein (nonverbales) »Nein« erntest, etwa indem dein Kind vertieft weiterspielt oder sich bewusst wegdreht. Erinnere dich in diesem Fall daran, dass wir alles aus einem guten Grund heraus tun. Welches Bedürfnis erfüllt sich dein Kind gerade? Braucht es Einfühlung deinerseits, damit das Kind bereit ist, zuzuhören?

Mika (4) ist vertieft in sein Spiel mit seinen Spielzeugautos. Er hat sich eine richtige kleine Welt aufgebaut, in der die Fahrzeuge verschiedene Anlaufstellen in seinem Zimmer haben. Er vertont die Autos mit einem lauten Brummen und lässt sie miteinander sprechen. Da kommt sein Vater Tom herein und sagt: »Zieh dich bitte an, wir müssen los!« Mika hört die Stimme nur in weiter Ferne und spielt weiter. Er versteht daher nicht, warum Tom dann plötzlich so wütend wird und schimpft: »Ach, immer das Gleiche mit dir. Wieso kannst du nicht einmal mitmachen?«

Was ist hier passiert? Für Mika war die Bitte seines Vaters wie ein regelrechter Überfall. Er kennt den Zeitplan nicht und folgt weiter seinem Bedürfnis nach Spiel und Spaß. Er arbeitet nicht bewusst gegen seinen Vater. Diesem kommt es jedoch so vor, da er pünktlich zum Kinderarzt kommen will und immer gestresster wird. Durch den Termindruck verliert er den Kontakt zu seinem eigenen Bedürfnis und hat auch kein Gespür dafür, welches Bedürfnis sich sein Sohn gerade erfüllt. Wenn Tom zuvor ähnliche Situationen reflektiert hätte, wäre die Chance hoch, dass es beim nächsten Mal anders ausgeht.

So könnte es auch ablaufen:

Tom kommt ins Zimmer, setzt sich zu Mika auf den Boden und beobachtet für einen Moment das Spiel seines Sohnes. Er nimmt sich eines der Autos und fährt damit in Mikas Sichtbereich. »Hey Mika, ich habe hier eine wichtige Nachricht für dich von deinem Papa. Bist du bereit, sie dir anzuhören?« Mika lässt sich auf das Spiel ein und nickt. Tom spricht weiter (durch das Auto): »Wir düsen doch gleich zum Arzttermin. Dein Papa sorgt sich, ob du rechtzeitig fertig wirst, weil er unbedingt pünktlich sein will. Was können wir da tun?« Mikas Gesicht verzieht sich, er will noch weiterspielen und sagt das auch lautstark. Nun braucht es Einfühlung durch Tom. Er spricht wieder als er selbst und sagt: »Du bist gerade mitten im Spiel und es ist super doof, das jetzt zu unterbrechen, stimmt's?« Mika nickt. Tom spricht weiter: »Was meinst du, könnten ein paar der Autos vielleicht mitkommen und die anderen parken wir so lange hier in der Garage? Sollen wir das zusammen machen?«

Natürlich ist damit nicht garantiert, dass Mika mitkommen wird. Doch durch die Einfühlung wird seine Bereitschaft in jedem Falle wachsen. Ältere Kinder kannst du auch fragen: »Was brauchst du, um jetzt mitkommen zu können?« Du bleibst klar darin, dass ihr jetzt gleich gemeinsam das Haus verlassen werdet. Doch wie genau das abläuft (Schuhe erst auf dem Weg anziehen, Spielzeug mitnehmen, Hilfe beim Anziehen), darf dein Kind mitentscheiden. Sollte gar nichts zu machen sein, gilt es eher, den Frust zu begleiten. Auch das kannst du klar ausdrücken:

»Ja, du hast da überhaupt keine Lust zu und findest das auch unnötig. Das sehe und höre ich! Und ich bleibe dabei: Wir fahren jetzt los. Denn ich bin als dein Papa für deine Gesundheit zuständig. Mir ist der Termin wichtig.«

Wie du mit solchem Widerstand umgehen kannst bzw. du die Entstehung oftmals vermeiden kannst, vertiefen wir noch in den Kapiteln 4 und 5. Manchmal ist es jedoch so, dass das Kind wirklich gar nicht mitbekommen hat, was gesagt wurde. Eine gute Möglichkeit ist es dann, es wiederholen zu lassen, was es gerade von dir gehört hat.

»Was hast du gerade von mir gehört?«

»Mir ist das wichtig, deswegen bitte ich dich: Wiederhole mal, was ich gesagt habe.«

»Wie ist das bei dir angekommen?«

Sollte dein Kind genervt reagieren, dann erkläre ihm deine Beweggründe für dieses Vorgehen. Dadurch, dass du dein Kind das Gehörte wiederholen lässt, lernt es außerdem, Dinge nicht immer so sehr auf sich zu beziehen. Äußert es als Antwort auf deine Frage selbstverurteilende Sätze, hast du die Chance, das Gesagte noch einmal zu präzisieren.

»Ah, so ist das bei dir angekommen! Das kann ich verstehen, dass dich das ärgert. Aber nein, das meinte ich nicht. Ich versuche es noch einmal anders zu formulieren ...«

Bestimmte Formulierungen sind dazu geeignet, entweder Unklarheit mit sich zu bringen oder Widerstand zu provozieren. Wir haben dir hier einige auf den ersten Blick unscheinbare Worte mit großer Wirkung zusammengetragen. Wir verraten dir auch, warum es sinnvoll ist, diese ersatzlos zu streichen oder sich nach Alternativen umzuschauen bzw. sie zumindest bewusst(er) einzusetzen.

»Aber« ist wie ein Radiergummi

Alles, was vor einem »Aber« steht, verliert durch es seine Kraft. Einige Beispiele: »Ich verstehe dich ja, aber ich möchte gehen.« – »Ja, das ist blöd, aber die Lehrerin wird schon wissen, warum sie das tut.« – »Darüber hast du dich geärgert, aber deine Schwester weint jetzt.«

In der GFK wollen wir Bedürfnisse gleichermaßen gewichten. Die Beispielsätze sind jedoch alle nach dem gleichen »Bauplan«: 1. Akzeptanz/Verständnis fürs Kind. 2. »Wegradieren« dieses (Pseudo-)Verständnisses, weil das eigene Bedürfnis oder Argument »höhergestellt« wird. So geht leider die Augenhöhe verloren! Was du tun kannst: Ersetze »aber« durch »und« oder »gleichzeitig«.

Formulierungsideen:

»Du möchtest gerne noch hierbleiben, das sehe ich. Und gleichzeitig ist mir wichtig, dass ich zu Hause noch in Ruhe Abendessen machen kann.«

»Das ist sicherlich blöd für dich. Und gleichzeitig denke ich, die Lehrerin wird auch einen Grund für ihr Handeln gehabt haben. Um was könnte es ihr da gegangen sein?«

»Du willst allein spielen und deine Schwester will gerne mitmachen? Habt ihr eine Idee, wie wir das lösen?«

Wer bitte ist hier »man«?

Nutzt du solche Formulierungen? »Man spricht nicht mit vollem Mund!« – »Man kann hier sein eigenes Wort nicht verstehen.« – »Ja, da kann man traurig werden.«

Versuche dich bei jedem »man« zu ertappen und zu überlegen, wer oder was dahintersteckt. Denn die »Man-Form« ent-personifiziert Inhalte. Aussagen werden so zur allgemeinen Gesetzmäßigkeit. Wir nutzen »man« auch, um uns vor Gefühlen zu schützen bzw. Distanz zu ihnen zu bekommen. Für dein Kind ist es viel hilfreicher zu erfahren, inwiefern sein Verhalten dich persönlich beeinflusst.

Formulierungsideen:

»Ich will dich verstehen können – bitte kau erst zu Ende, bevor du sprichst.«

»Es ist mir zu laut. Bitte spielt woanders oder sucht euch ein ruhigeres Spiel.«

»Was ich da gerade gehört habe, berührt mich richtig, das macht mich traurig.«

»Einfach« kannst du einfach weglassen

»Nimm es dir doch einfach nicht so zu Herzen.« – »Jetzt setz dich einfach wieder hin.« – »Guck mal, das ist ganz einfach!« Tja, wenn es nur so einfach wäre … dann würde dein Kind es sicher auch tun, oder? Du kannst gar nicht wissen, wie einfach (im Sinne von

»leicht«) etwas für dein Kind ist. Besonders, wenn es vielleicht mit einem Problem zu dir kommt oder von seinen Impulsen gesteuert ist – dann wird es deine »einfache« Lösung mit Sicherheit frustrieren. Das Ergebnis: Dein Kind fühlt sich noch schlechter, weil es offenbar die einzige Person ist, die es »einfach« nicht hinbekommt. Deswegen: Lass das Wort weg!

Formulierungsideen:

»Das bedrückt dich sehr, oder?«

»Brauchst du gerade Bewegung? In fünf Minuten beginnt die Pause, schaffst du es noch, so lange sitzen zu bleiben?«

»Probier's mal aus, nur Mut!«

»Warum« klingt schnell nach Kritik

Halte mal kurz inne und überlege: Wie wirken die folgenden Formulierungen auf dich? »Warum liegt die Jacke auf dem Boden?« – »Warum hast du da 42 als Ergebnis?« – »Warum ist deine Butterbrotdose noch nicht ausgepackt?«

Achte darauf, welche Absicht hinter deinen »Warum«-Fragen steckt. Und sei dir bewusst: Diese Art zu »fragen« kann bei deinem Kind schnell als Vorwurf ankommen. Und Hand aufs Herz: Oft ist es auch genauso gemeint. Dann formuliere eine klare Ich-Botschaft. Falls dich der Grund interessiert, formuliere entsprechend offener.

Formulierungsideen:

»Bitte hänge deine Jacke auf.«

»Ah, dein Ergebnis ist 42. Was hast du gerechnet?«

»Bitte pack deine Dose aus, damit ich sie spülen kann.«

Wann ist »gleich«? Schon »bald«!

»Ich bin hier gleich fertig.« – »Wir wollen gleich los.« – »Papa kommt bald wieder.« Mit diesen Zeitangaben können (nicht nur) Kinder wenig anfangen.

Falls du oft »gleich« oder »bald« benutzt, formuliere möglichst um. Denn gerade Kinder mit ADHS haben oft ein unbestimmtes Zeitgefühl bzw. Zeit ist für sie schwerer einzuordnen. Uns ist es selbst schon mehr als einmal passiert, dass wir gesagt haben. »Ich komme gleich«, und dann so vertieft waren, dass 15 Minuten und mehr vergingen. Mach's daher so konkret wie möglich.

Formulierungsideen:

»Ich telefoniere noch kurz, dann bin ich fertig.«

»Ich gehe auf die Toilette, danach ziehen wir Schuhe und Jacke an.«

»Wenn du vom Turnen zurück bist, ist Papa zu Hause.«

Das Wörtchen »nicht«? Lass es weg!

Last but noch least nehmen wir uns Verneinungen wie »nein«, »nicht«, »kein« oder »lass das« vor. Denn unser Hirn kann das Wort »nicht« schlecht verarbeiten. Zudem richtet sich dann die Aufmerksamkeit genau auf das, was nicht getan werden soll. (»Denke bitte **nicht** an einen rosa Elefanten!« – Hast du ihn nun klar und deutlich vor Augen?) Gerade bei willensstarken Kindern erzeugt ein »Nein« zudem Stress und Abwehr. Wer wirklich gehört werden will, verzichtet darauf.

Übung
Wörterfasten – Auf »nicht« verzichten!

Schritt 1: Achte in den nächsten Tagen doch mal genauer darauf, wann du in Aufforderungen an dein Kind Verneinungen wie »nein«, »nicht« oder »kein« – aber auch »lass das« – nutzt. Noch brauchst du nichts zu verändern, es geht zunächst nur darum, dass du dich selbst ertappst. Wenn du willst, kannst du gerne eine Strichliste führen.

Schritt 2: Was fällt dir auf, wenn du die oben genannten Worte nutzt? Wie reagiert dein Kind? Für diese Beobachtungsaufgabe lass dir erneut einen oder mehrere Tage Zeit. Mach dir gerne Notizen oder tausche dich mit deinem Partner oder deiner Partnerin dazu aus.

Schritt 3: Vermutlich bist du nun sensibilisiert für den Gebrauch von Verneinungen. Jetzt geht es ans Umformulieren. Jedes Mal, wenn du dich ertappst, formuliere neu. Nutze eine positive, klare, auffordernde Sprache. Dafür kannst du dich an den folgenden Beispielen orientierten:

Ersetze »Nicht auf die Straße laufen!« durch »Bleib an der Ampel stehen!«.

Ersetze »Lass das!« durch »Die Hände bleiben bei dir!«.

Ersetze »Nicht mit den Fingern essen!« durch »Bitte nimm das Besteck!«.

Was fällt dir auf? Übrigens: Der erste Schritt ist das Bewusstwerden. Kein Mensch ist perfekt. Und natürlich gibt es auch Situationen, in denen »nichts«, »nein« und andere Verneinungen ihre Berechtigung haben.

Wie kannst du den Selbstwert durch Worte stärken?

Du siehst, Worte haben eine große Macht. Das gilt sowohl für die Worte, die dein Kind von dir und anderen Menschen hört, als auch für seine eigenen inneren Monologe. Wir wissen aus der Forschung, dass Kinder mit ADHS aufgrund ihres Verhaltens immer wieder auf Ablehnung stoßen und negatives Feedback bekommen. Dies kann sich mit der Zeit auch auf den Selbstwert auswirken und lebenslang Selbstzweifel auslösen. ADHS-Experten wie William Dodson oder Michael S. Jellinek gehen davon aus, dass Kinder mit ADHS bis zum Alter von zehn Jahren 20 000 negative oder korrigierende Rückmeldungen erhalten haben.[8] Kinder mit ADHS bekommen dadurch häufig das Gefühl, »dumm« zu sein, da sie sich immer mehr anstrengen müssen als andere Kinder oder sozial anecken. Eine Medikation kann zwar dazu beitragen, dass diese Effekte abgemildert werden und es weniger Kritik für »unangemessenes Verhalten« gibt. Gleichzeitig bringt die Behandlung mit Tabletten meist neue Herausforderungen mit sich, etwa die Reaktionen aus dem Umfeld. Immer wieder hören wir, dass Kinder oder Jugendliche Medikamente ablehnen, weil sie sich keinen Vorteil verschaffen wollen und eine Leistungssteigerung als »unfair« empfinden. Manche Kinder entwickeln zudem mit der Zeit die Sorge, es ohne Medikation im Leben nicht schaffen zu können.

Gerade deshalb ist es so wichtig zu betonen, dass du als Elternteil einen direkten Einfluss auf die Entwicklung des Selbstwertes deines Kindes hast. Du kannst es mit sorgsam gewählten Worten und einer zugewandten Haltung für die Herausforderungen stärken, die dein Kind aktuell erlebt und vielleicht noch vor sich hat. Hier spielen auch Glaubenssätze und Gedankenmuster eine wichtige Rolle. Wir laden dich daher in den folgenden Abschnitten ein, zunächst hinderliche Muster zu identifizieren und an diesen zu arbeiten bzw. sie durch hilfreiche zu ersetzen.

Vom Fixed Mindset zum Growth Mindset

Ob uns das Lösen einer Aufgabe eher leicht- oder eher schwerfällt, hat auch mit unserer Einstellung und unserem Selbstbild zu tun. Die amerikanische Psychologin Carol Dweck spricht hier von unterschiedlichen *Mindsets*. Demnach beschreibt der Begriff »Mindset« die eigene Haltung oder Denkweise über das Lernen und unsere Erfahrungen. Sie unterscheidet zwischen einem *Fixed Mindset* und einem *Growth Mindset.*[9] Bei Ersterem werde ich eine schwierige Aufgabe eher als schwer und unlösbar empfinden, während ein Growth Mindset eher dazu führt, dass dieselbe Aufgabe zwar herausfordernd, aber interessant und lösbar wahrgenommen wird.

Beim *Fixed Mindset* werden Intelligenz, Fähigkeiten und Talente als stabil und nicht veränderbar wahrgenommen. Dein Kind geht davon aus, dass diese angeboren sind und es eigene Grenzen gibt, die nicht überwunden werden können. Fähigkeiten sind eher als Talente anzusehen. Herausforderungen oder Fehler sind Signale für eine Überforderung und die Grenze der eigenen Fähigkeiten. Feedback und Kritik führen dann in der Regel zu Selbstzweifeln und können nicht positiv genutzt werden. Bei einem Fixed Mindset versuchen Kinder, nach außen kompetent zu wirken, und es kommt zeitgleich häufig zu dem Gefühl, nicht genug zu sein. Dabei rutscht die Angst, enttarnt zu werden (Imposter Syndrom), in den Vordergrund, denn egal wie sehr sich das Kind anstrengt, kann es bei einem Fixed Mindset keine Veränderung erreichen, und Ziele erscheinen ihm unmöglich.

Menschen mit einem *Growth Mindset* gehen hingegen davon aus, dass Intelligenz, Fähigkeiten und Talente erlernbar sind. Einsatz und Durchhaltevermögen können somit zum Erfolg führen. Der Fokus liegt also auf der Chance einer Veränderung. Fehler werden als Lernchancen betrachtet, und eine Kritik oder ein Feedback kann ein Schritt zum Erfolg sein und muss das Kind nicht herunterziehen. Erfolg von anderen ist inspirierend und neue Dinge und Herausforderungen sind gerne gesehen, um an ihnen zu wachsen. Es besteht also laut Carol Dweck die Hoffnung auf Erfolg, und Erfolge hängen direkt mit der eigenen Anstrengung und nicht der Begabung zusammen.

Wie unterstützt du dein Kind auf dem Weg zu einem Growth Mindset?

Carol Dweck konnte in ihrer Forschung nicht nur zeigen, dass ein Growth Mindset zu einem größeren Lernerfolg führt, sondern auch, dass das Mindset eines Kindes von Eltern und anderen Bezugspersonen beeinflusst wird. Natürlich gibt es bei unseren inneren Einstellungen nicht nur Schwarz und Weiß, also entweder Fixed oder Growth Mindset. Sondern unsere Einstellung ist irgendwo dazwischen, je nach Situation und je nach unseren Erfahrungen.

Der zentrale Punkt, um eine Veränderung von einem Fixed Mindset zu einem Growth Mindset zu erreichen, ist die Betrachtung und Wertschätzung des Prozesses. Das bedeutet das Verständnis von »Lob« zu verändern. Frag dich einmal selbst: Wie gehst du mit den Leistungen deines Kindes um? Wofür lobst du dein Kind? Für die Anstrengung des Übens oder für die Note, die am Ende herauskommt? Lobst du den Prozess und die Anstrengung des Malens oder das Ergebnis, also das fertige Bild?

Das klassische Lob, wie »gut gemacht« oder »weiter so«, basiert auf dem Gedanken, dass es Kategorien wie »richtig« und »falsch« gibt. Das Loben belohnt dann erwünschtes bzw. »richtiges« Verhalten, damit das Kind dieses Verhalten immer wieder zeigt. Belohnungen sprechen also das Bedürfnis nach Zugehörigkeit oder »Gemochtwerden« an und führen dazu, dass dein Kind in der Zukunft immer wieder die äußere Bewertung des Verhaltens sucht und die eigenen Gefühle und den eigenen Willen unterdrückt. Es nimmt also die *extrinsische Motivation* zu, während gleichzeitig die *intrinsische Motivation* unterdrückt wird.

Intrinsische vs. extrinsische Motivation

Die Motivationspsychologie unterscheidet zwischen zwei Arten der Motivation. Wer eine Tätigkeit nicht für andere ausführt, sondern für sich selbst oder der Sache wegen, handelt aus *intrinsischer Motivation*. Diese Art, die Dinge anzugehen, führt unter anderem zu mehr Flexibilität im Denken, größerer Kreativität, besseren Lernleistungen und einem angenehmeren Gefühl. Es kann zudem auch zu einem sogenannten Flow-Erleben oder Hyperfokus auf die Aktivität kommen – die Person ist dann vollends konzentriert und lässt sich weniger schnell ablenken.

Die *extrinsische Motivation* hingegen wird durch das Lob von anderen, positive Rückmeldungen zum Ergebnis (z. B. Noten) oder aber auch die Angst vor Bestrafungen ausgelöst. Es zählt nur das Ergebnis, der Prozess oder die Ideenfindung sind egal. Die extrinsische Motivation ist meist weniger aktivierend. Das kann auch dazu führen, dass Unliebsames (z. B. Hausaufgaben) aufgeschoben wird.

Im Gegensatz zum »klassischen« Lob steht die *Wertschätzung*. Sie orientiert sich an Beobachtungen, Gefühlen und erfüllten Bedürfnissen. Sie ist absichtslos – wir haben also keine Erwartungen, dass das Kind das Verhalten wiederholt. Gerade dadurch fördert authentische Wertschätzung die tiefere Verbindung zu deinem Kind und gleichzeitig die intrinsische Motivation.

Vom Lob zur Wertschätzung

Lob und Wertschätzung unterscheiden sich gar nicht so sehr in den Worten, die wir verwenden. Es kommt viel mehr auf Haltung und Absicht hinter unseren Aussagen an. Dies zeigen dir die folgenden Formulierungshilfen:

»Ich sehe, du bist ganz oben auf dem Baum. Du bist da ganz allein hochgeklettert.«

»Sag mal, bist du gerade stolz, dass du dir die Schuhe zugebunden hast? Ich sehe dich grinsen. Bist du froh, dass du nun schneller mit den anderen rausgehen kannst, ohne zu warten, bis ich Zeit habe, dir zu helfen?«

»Danke, dass du die Teller und das Besteck auf den Tisch gelegt hast. Ich war gerade ganz schön im Stress, weil wir ja gleich alle pünktlich aus dem Haus wollen – und nun schaffen wir das. Ich bin richtig erleichtert.«

»Ah, warte, ich komme mal zu dir rüber, dann kann ich besser schauen, was du machst. Soll ich mich hier neben dich setzen?«

»Du hast heute über eine Stunde für die Mathearbeit gelernt. Wie fühlst du dich jetzt mit Blick auf die Arbeit morgen?«

»Du hast dich heute total angestrengt und die Hausaufgaben ganz alleine gemacht. Das hat mir total geholfen, da ich heute noch das Abendessen vorbereitet habe und etwas in Stress geraten bin. Das hast du toll gemacht.«

Du siehst, es gibt ganz verschiedene Möglichkeiten, deine Wertschätzung auszudrücken:

+ Du beschreibst, was du siehst/wahrnimmst.
+ Du formulierst eine Frage an dein Kind.
+ Du benennst Gefühle und Bedürfnisse – deine eigenen oder die deines Kindes.
+ Du bist präsent durch Blicke, Gesten etc.
+ Rückmeldungen oder »Lob« erfolgen auf den Prozess und nicht das Ergebnis.
+ Du bist echt und authentisch aus dem Moment heraus. Manchmal ist ein »Cool« oder »Toll« auch genau richtig.

Lob und Wertschätzung sind manchmal ganz nah beieinander. Die Absicht dahinter ist entscheidend. Liebe ich mein Gegenüber, ganz gleich, ob es etwas in meinen Augen »toll« oder »richtig« macht (Wertschätzung)? Oder mache ich meine Gefühle und meine Aufmerksamkeit dem Kind gegenüber davon abhängig, wie es sich verhält (Lob)? Teile ich meine Freude – ohne Erwartungen zu haben (Wertschätzung)? Oder will ich mein Gegenüber dazu bringen, etwas (wieder) zu tun (Lob)? Ein wichtiger Punkt auf dem Weg von einem Fixed Mindset zu einem Growth Mindset ist es, den Prozess wertzuschätzen. Gemeint ist damit die Anstrengung, die dein Kind zum Beispiel im Lernprozess unternimmt – und nicht etwa das Ergebnis (z. B. Noten). Denn Noten sind von so vielen Aspekten abhängig (Tagesleistung, starke Gefühle an dem Tag, Konzentration im Moment der Arbeit etc.) und nicht (nur) von der unternommenen Anstrengung deines Kindes. Und wie Carol Dweck[10] sagen würde:

Anstatt zu sagen: »Ich kann das nicht«,
sage besser: »Ich kann das noch nicht.«

Denn das kleine Wörtchen »noch« hat die Kraft, eine Lernkurve zu erschaffen und eine Entwicklung in Aussicht zu stellen und möglich zu machen. Vergleiche dein Kind nicht mit anderen. Nur weil es etwas NOCH nicht kann, ist an ihm nichts falsch. Denn alle Fähigkeiten können wir noch erlernen. Deswegen ist jetzt deine Aufgabe, jedes Mal, wenn eines deiner Familienmitglieder sagt: »Ich kann das nicht!«, ihm zu sagen: »Du kannst es noch nicht!« Beobachte dabei gerne die Veränderung, die dieses kleine Wörtchen bewirken kann.

Hinderliche Gedankenmuster erkennen und bearbeiten

Doch unsere Einstellung ist nicht nur geprägt durch ein Fixed oder Growth Mindset, sondern auch durch die Glaubenssätze, die wir in uns tragen. Sie nehmen meist einen großen Einfluss auf unser Denken, Fühlen und Handeln. Sie sind die gedanklichen Filter, durch die wir uns selbst und die Welt sehen. Sie sind aber nicht gleichzusetzen mit der Wahrheit, denn sie sind geprägt durch unsere subjektiven Erfahrungen in der Vergangenheit. Solche Filter sind uns nicht immer bewusst und können sich als Glaubenssätze festsetzen. In der Psychologie wird dies als »Denkfehler« bezeichnet (nach Aaron T. Beck).[11] Aus GFK-Sicht sprechen wir hier lieber von ungünstigen oder hinderlichen Gedankenmustern. Diese sind manchmal hartnäckig und schwer wieder loszuwerden.

Wir laden dich ein, dich mit hinderlichen Gedankenmustern zu beschäftigen, die du bzw. dein Kind eventuell haben. Dabei geht es zunächst nur darum, diese zu identifizieren – ihr braucht sie noch gar nicht aufzulösen. Denn dafür kann es sinnvoll sein, sich professionelle Begleitung zu holen. Dennoch findest du einige Formulierungshilfen von uns zu den einzelnen Gedankenmustern. Diese sind als eine Unterstützung bei der *Nachbesprechung* bestimmter Situationen zu verstehen – und dann auch in erster Linie mit älteren Kindern und Jugendlichen. In der Situation selbst ist es in aller Regel am hilfreichsten, empathisch zuzuhören. Zumindest, bis sich der erste Gefühlsstrudel gelegt hat und die Person wieder aufnahmefähig ist (siehe Anfang des Kapitels). Bei der folgenden Auflistung orientieren wir uns an Aaron T. Beck.

Typische Gedankenmuster:

+ **Schwarz-Weiß-Denken oder Alles-oder-nichts-Denken:** Alles ist immer nur gut oder nur schlecht. Einen »Graubereich«

gibt es nicht. *Wenn ich meine wahren Gefühle zeige, dann werden meine Freunde mich auch verlassen.* Oder: *Du hast nur diese eine Chance. Wenn es heute nicht klappt, dann wird das nie etwas.*

+ **Pessimismus:** Fokus aufs Schlechte, ohne das Gute wahrzunehmen. *ALLE in der Klasse hassen mich.*
  Wenn dein Kind in einem dieser zwei Muster gefangen ist, kann es helfen, nach Ausnahmen von der Regel zu suchen.

»Gab es einen Zeitpunkt, wo diese Aussage nicht wahr war?«

»Wann war es anders?«

Du kannst aber auch von eigenen Ausnahmen erzählen oder dein Kind an Ausnahmen erinnern, die jetzt vielleicht nicht mehr präsent sind.

»Weißt du noch, als du vor Marie geweint hast, weil du die schlechte Note in der Schule gehabt hast? Marie ist immer noch deine beste Freundin, und es hat euch noch viel enger zusammengeschweißt, dass du deine Gefühle gezeigt hast.«

+ **Katastrophisieren:** Es wird immer wieder vom Schlimmsten ausgegangen. *Wenn ich heute in die Schule gehe, dann werden mich alle auslachen, und dann fange ich an zu weinen.*
  Beim Katastrophisieren ist der Fokus auf dem schlimmstmöglichen Ereignis. Es kann dabei helfen, auch andere Möglichkeiten zu besprechen oder konkret nach einem anderen Ausgang der Situation zu fragen.

»Was wäre denn die beste Möglichkeit, die passieren könnte?«

»Was wäre, wenn es anders ausgehen würde?«

Außerdem könntest du die Katastrophengedanken zu Ende denken, um deinem Kind die Möglichkeit zu geben, auf die schlimmste Katastrophe vorbereitet zu sein. Denn häufig dreht sich das Gedankenkarussell und über die tatsächlichen, realistischen Konsequenzen denkt die Person gar nicht nach. Die meisten vermeintlichen Katastrophen können so bearbeitet werden. ABER Achtung: Dies gilt nicht für Themen wie Krankheiten, Tod oder Naturkatastrophen, denn dann könnte die Besprechung eines »Worst-Case-Szenarios« zu Kontrollverlust führen. Bereite dir am besten vorher schon ein paar Lösungsmöglichkeiten vor.

»Und was würde dann passieren, wenn [schlimmes Ereignis] eintritt? Was könntest du dann tun? Wer könnte dich unterstützen?«

»Wie könntest du jetzt mit [schlimmes Ereignis] umgehen?«

+ **Gedankenlesen:** *Der oder die denkt bestimmt, ich bin ein:e Versager:in.*
  Dieser »Denkfehler« resultiert häufig aus der Überinterpretation von nonverbaler Kommunikation, also Mimik, Gestik oder Ähnlichem. Dabei kann es helfen, genau zuzuhören, was andere sagen und wie sie es sagen. Sinnvoll ist zudem, diese Überzeugungen direkt in der Situation mit dem Gegenüber anzusprechen und so zu überprüfen, ob diese wahr sind.

»Ich habe gerade den Eindruck, du würdest mich als Versager:in wahrnehmen, da ich [Verhalten] gemacht habe. Ist das richtig?«

»Ich habe Angst, dass du mich als Versager:in siehst, da ich deine Stimme gerade als genervt wahrnehme. Überinterpretiere ich die Situation?«

»Was denkst du jetzt darüber, dass ich [Verhalten]?«

»Wie meinst du das?«

»Oh, ich sehe dich die Stirn runzeln. Sag mal, was denkst du denn gerade?«

»Magst du mir mal sagen, was du gerade von mir gehört hast?«

+ **Emotionale Beweisführung:** *Wenn ich Angst habe, dann muss es auch gefährlich sein.*
  Diese Beweisführung kann trügerisch sein, denn unsere Gedanken und Gefühle sind immer geprägt durch unsere eigene Interpretation der Situation. Dabei kann es helfen, die Situation genauer zu analysieren und zu forschen, woher dieses Gefühl kommt und wie du die Situation beeinflussen kannst.

»Was macht dir Angst?«

»Was könnte dir helfen, dich sicherer zu fühlen?«

+ **Voreilige Schlussfolgerung:** *Die Person hat mir heute nicht Guten Morgen gesagt, also kann sie mich nicht ausstehen.*
  Hier ist das Problem, dass wir nicht genau hinsehen bzw. eine Situation überinterpretieren. Da kann es helfen zu hinterfragen, was noch dahinterstecken könnte oder ob es eine andere Interpretation geben könnte. Damit wird der Blick geweitet und andere Möglichkeiten zugelassen.

»Was hast du gesehen?«

»Was könnte eine andere Sicht darauf zeigen? War die Person vielleicht zu beschäftigt? Hat sie dich denn überhaupt gesehen?«

»Wie verstehst du dich denn in anderen Situationen mit dieser Person?«

»Wie hat sie denn das letzte Mal reagiert? Gibt es noch andere Situationen, in denen du denkst, dass sie dich nicht mag?«

+ **Abwertung des Positiven:** *Ich habe in der Arbeit zwar eine Zwei geschrieben, aber das lag nur daran, dass ich am Tag vorher zufällig die gleichen Aufgaben gelernt habe. Eigentlich kann ich das ja nicht.*

+ **Über- und Untertreibung:** *Ich habe das Tor beim Fußball nicht getroffen, das ist der Beweis dafür, dass ich kein Fußball spielen kann.*
  Bei diesen Gedanken ist es wichtig, den Kontext zu betrachten und nach Ausnahmen von der Regel zu suchen.

»Wann hast du das denn schon einmal anders erlebt?«

»Ist das deine erste gute Note?«

»Hast du schon einmal das Tor getroffen?«

Auch kann es helfen, andere Menschen zu befragen, die dabei waren.

»Was hast du denn erlebt?«

»Wie hast du mich in diesem Moment wahrgenommen?«

»Kennst du andere Situationen, wo ich [Fähigkeit] kann?«

+ **Verallgemeinerung:** *Ich habe das jetzt nicht geschafft, also werde ich das nie können.*
  Hier ist das Wörtchen »noch« der zentrale Punkt. Dabei kann es auch helfen, Unterstützung anzubieten.

»Du kannst das *noch* nicht. Du kannst es noch lernen.«

»Nur weil du etwas jetzt noch nicht kannst, heißt es nicht, dass du es nicht lernen kannst. Wir können alles lernen. Und manchmal muss man Zeit und Geduld dafür haben. Ich glaube an dich und kann dich dabei unterstützen, wenn du möchtest.«

»Was macht dich da so sicher?«

+ **Schuld geben:** Entweder die Schuld bei sich selbst suchen – *Es möchte keiner mit mir befreundet sein, da ich so langweilig bin.* Oder die Schuld bei den anderen verorten – *Die anderen haben angefangen. Ich kann da nichts für.*
  Es geht darum, deinem Kind eine andere Perspektive aufzuzeigen. Dies gelingt je nach Alter deines Kindes besser oder schlechter (Perspektivübernahme ist ab ca. vier Jahren möglich). Ein Kleinkind solltest du eher stärken und über Gefühle und Bedürfnisse sprechen.

»Was ist denn genau passiert? Was würde [Name der anderen Person] sagen, wenn ich sie fragen würde?«

»Ich merke, du bist [Gefühl]. Das kann ich verstehen. Was würde dir jetzt guttun?«

Du siehst, alle diese Gedankenmuster haben ihre eigenen Tücken. Es gibt jedoch auch eine Gemeinsamkeit: Dein Kind versucht, mit ihrer Hilfe eine Situation zu verstehen. Deine Aufgabe als Elternteil ist es, dein Kind zu unterstützen, Gefühle und Bedürfnisse zu benennen und es ggf. in einem ruhigen Moment auf solche Muster aufmerksam zu machen sowie Alternativen anzubieten, um diese zu durchbrechen. Im folgenden Abschnitt zeigen wir dir eine zusätzliche Möglichkeit, dein Kind zu stärken und es dabei zu unterstützen, hilfreiche Gedankenmuster zu verinnerlichen.

»Du schaffst das!«

Kinder brauchen immer wieder wertschätzende Worte, die sie (be)stärken und ihnen helfen, positiv in die Zukunft zu blicken. Deine Worte haben eine große Kraft, sei dir dessen stets bewusst. Gerade Kinder mit ADHS brauchen lieber einmal mehr wertschätzende Worte und Bestärkung, da sie immer wieder mit negativem Feedback und Ablehnung durch andere konfrontiert werden. Vielleicht hast du als Erwachsene:r selbst schon mit stärkenden Sätzen gearbeitet. Bei stärkenden Sätzen für Kinder gibt es ein paar Besonderheiten: Sie sollten einfach gehalten werden, eine Verbindung und Verständnis auslösen und den Fokus nicht auf Leistung legen.

Übung
Stärkende Sätze für mein Kind

Überlege dir zunächst, in welchem Bereich dein Kind gerade Unterstützung braucht, und schreibe dir herausfordernde Situationen für dein Kind auf. Beispielsweise das Packen der Schultasche, Toreschießen im Fußballtraining oder das Busfahren ohne Begleitung. Überlege nun, was dein Kind in diesen Situationen benötigt (z. B. Mut, Stärke, Liebe, Kreativität, Ruhe, Sicherheit). Formuliere aus diesen Notizen die persönlichen stärkenden Sätze für dein Kind. Denke immer daran, die Sätze sollten:

+ leicht verständlich sein,
+ Verbindung/Verständnis ausdrücken,
+ ermutigen,
+ nicht auf Leistung fokussiert sein.

Hier ein paar Beispiele:

»Du kannst dir selbst vertrauen.«
»Ich bin wichtig.«
»Dein Humor ist ansteckend.«

Schreibe dir diese stärkenden Sätze auf. Du kannst auch Karten dazu malen, die du deinem Kind in die Tasche stecken kannst. So stärkst du dein Kind auch in der Schule und im Kindergarten. Bei jüngeren Kindern, die noch nicht lesen können, können Bilder helfen, sie daran zu erinnern (z. B. stark wie der Löwe). Weitere Beispiele für stärkende Sätze findest du im Download-Bereich.

Kapitel 3
Die Sicht aufs Kind ändern

Im vorigen Kapitel hast du viel über den Unterschied zwischen trennender (gewaltvoller) und verbindender (gewaltfreier) Sprache erfahren, und vielleicht hast du auch bereits einiges in deinen Alltag integrieren können. Es ging dabei auch darum, welchen Blick du auf dein Kind hast und welche Macht deine Worte haben. Wie ist es dir damit ergangen? Falls du dich an der ein oder anderen Stelle ertappt gefühlt hast, dann sieh dies als Lernchance und schaue mit spielerischer Neugier, was sich verändert, wenn du beginnst die Worte bewusster und anders einzusetzen.

Aus unserer Arbeit mit Eltern und auch aus dem eigenen Erleben heraus wissen wir allerdings, dass es manchmal gar nicht so leicht ist, friedlich und nachsichtig mit sich selbst zu sein. Oder anders gesagt: Elternsein ist oft mit Schuld- und Schamgefühlen behaftet. Eltern wollen ihr Kind doch lieben – so wie es ist. Und gleichzeitig geht es ihnen manchmal eben gehörig auf die Nerven oder bereitet ihnen Sorgen. Oder sie wünschen sich, die Situation in der Familie wäre anders. Entspannter vielleicht oder harmonischer. Eine Prise mehr Leichtigkeit täte auch gut. Stimmt's? Wenn du solche Gedanken hast, dann sei dir gewiss: Es ist nichts falsch – weder mit dir noch mit deinem Kind. All diese Gedanken und Gefühle dürfen sein. Entscheidend ist jedoch, wie du damit umgehst, und vor allem, wie du diese deinem Kind gegenüber äußerst. Selbstreflexion ist hier wieder der Schlüssel zur Veränderung.

Was uns stört, fällt stärker auf

Fällt es dir (noch) schwer, Eigenschaften und Verhaltensweisen an deinem Kind zu sehen, die du als angenehm oder positiv bewertest? Bei den Eigenschaften, die dich stören oder die aus deiner Sicht euer Familienleben beinträchtigen, wurde hingegen die Liste vielleicht lang und länger. Das ist nicht ungewöhnlich. Denn wir neigen dazu, die »negativen« Dinge eher wahrzunehmen und vor allem auch abzuspeichern als die »positiven« Dinge. Die Ursache für diese sogenannte »Negativitätsverzerrung« liegt in der Evolution. Ignorierten unsere Vorfahren eine positive Information, dann hatte das in der Regel keine dramatischen Konsequenzen. Anders sah das bei Informationen aus über giftige Beeren oder Anzeichen fürs Anrücken eines wilden Tieres oder eines anderen Feindes oder etwas Ähnliches. Wurden solche Hinweise nicht wahrgenommen und abgespeichert, dann bezahlte dieser Mensch mitunter mit seinem Leben dafür.

Wir setzen »positiv« und »negativ« bewusst in Anführungszeichen, weil wir dich darin unterstützen und ermutigen wollen, immer häufiger deine Urteile zu hinterfragen oder zumindest klar von objektiven, beobachtbaren Fakten zu trennen. Denn natürlich haben deine Gefühle eine Berechtigung. Doch du kannst sie auch aktiv beeinflussen. Zum Beispiel indem du dir deine Denkmuster anschaust, diese in Bedürfnisse übersetzt und so nach und nach hoffentlich auch deinen Blick weiten kannst. So erfasst dieser wieder neben all den Problemen und Herausforderungen, all dem Frust und dem Ärger eben auch die wundervollen Eigenschaften, die dein Kind mit sich bringt. Und die Freude, die euch euer Zusammensein bescheren kann.

Denn der Blick der Eltern und anderer wichtiger Bezugspersonen auf das Kind bestimmt über die allgemeine Stimmung in der Familie. Zudem haben wir beschrieben, wie sich die Art und Weise, wie wir mit Kindern sprechen, auf ihre Entwicklung auswirkt. Je nachdem welche Worte du wählst, trägt dies entweder zu einem gesunden Selbstwert deines Kindes und letztlich auch seiner psychischen Widerstandskraft (Resilienz) bei oder kann sein Selbstbild bis ins Erwachsenenalter beeinträchtigen. Somit hast du eine hohe Verantwortung.

Gleichzeitig ist klar, dass Verletzungen im Laufe des Lebens nicht ausbleiben werden und ein unfassbar hoher Druck damit einhergehen kann, stets in einer liebevollen und zugewandten Haltung zu bleiben. Das verhindern ohnehin schon eigene Prägungen und alte Muster sowie schlichtweg die endlichen Ressourcen in einem Alltag, der sich ja nicht ausschließlich um dein Kind mit ADHS drehen kann. In all diesem Wissen wollen wir dir mit dem nun folgenden Modell (bekannt als »Gordon-Modell« oder auch »Verhaltensfenster«) einerseits Entlastung verschaffen und Druck nehmen. Andererseits bekommst du hier auch ein Werkzeug an die Hand, mit dem du dein Kind als eigene Persönlichkeit lieben und respektieren kannst und gleichzeitig störende Verhaltensweisen klar kommunizierst. So sorgst du für dein eigenes Wohlbefinden und stehst für deine Grenzen und Werte ein. Denn, um das noch einmal deutlich zu sagen: Es ist niemandem damit geholfen, wenn du von jetzt an nur noch über alles hinweglächelst, obwohl es in dir brodelt. Das ist nicht der Sinn von GFK.

Die folgenden Seiten sind eine Einladung an dich, das Verhalten deines Kindes möglichst wertfrei in Alltagssituationen zu beobachten bzw. dir dieses ins Gedächtnis zu rufen. Dann schaust du hin, ob das jeweilige Verhalten für dich annehmbar oder unannehmbar ist – und von welchen Faktoren das abhängt. Das ermöglicht neue Perspektiven wie: Wo habe ich Einfluss? Was kann ich verändern? Wo sind meine (kommunikativen) Stellschrauben?

»Eltern sind keine Gottheiten« oder warum es okay ist, dich über das Verhalten deines Kindes zu ärgern

Der amerikanische Psychologe Thomas Gordon (1918 bis 2002) beginnt mit dieser Aussage, »Eltern sind Menschen, keine Gottheiten«, sein Buch »Familienkonferenz«.[1] Das ist ein 1970 erschienener, nach wie vor erstaunlich aktueller und bis heute millionenfach gelesener Erziehungsbestseller. Sein einfaches Modell bildet eine gute Basis, um Eltern die Haltung der Gewaltfreien Kommunikation näherzubringen und ganz praktisch zu zeigen, in welchen Fällen die GFK gut zum Einsatz kommen kann – und wann sie ihre Grenzen erreicht. Übrigens: Du hast Gordon bereits in Kapitel 2 kennengelernt, als es um die Kommunikationssperren ging.

Mithilfe seines »Verhaltensfenster« (siehe Grafik) können Eltern einerseits feststellen, welche Verhaltensweisen ihres Kindes sie nicht gut annehmen können und welche Handlungsoptionen sich andererseits daraus ergeben. Zudem ermutigt Gordon Eltern dazu, authentisch und nahbar zu sein, statt eine Rolle auszufüllen mit allem, von dem sie glauben, was »gute Eltern« ausmacht: »Eltern sind Menschen, keine Gottheiten. Sie müssen sich nicht bedingungslos oder auch nur gleichbleibend annehmend verhalten. Sie sollten auch nicht vorgeben, annehmend zu sein, wenn sie es nicht sind. […] Es wird jedem Kind helfen, seinen Elternteil als wirkliche Persönlichkeit zu sehen – durchschaubar, menschlich, als jemanden, zu dem es gerne eine Beziehung haben würde.«[2]

Es geht also um die echte Verbindung, um Authentizität, um Beziehungen, in denen alle Bedürfnisse gesehen werden und zählen. Das alles macht Machtkämpfe überflüssig und ermöglicht es Kindern und Eltern gleichermaßen, gerne zu kooperieren – ohne sich dafür verbiegen zu müssen und ihre Integrität aufzugeben. Oder wie es Marshall B. Rosenberg schreibt: »Was ich in meinem Leben will, ist Einfühlsamkeit, ein Fluss zwischen mir und anderen, der auf gegenseitigem Geben von Herzen beruht.«[3]

> **Thomas Gordon und Marshall B. Rosenberg verfolgten ähnliche Ansätze**
>
> Beide hatten in Dr. Carl Rogers (Mitbegründer der modernen Gesprächstherapie) denselben Mentor. Beide entwickelten Methoden und Ansätze, die darauf abzielten, Konflikte ohne Machtkämpfe und somit ohne Gewinner und Verlierer zu lösen. Bei beiden stehen gegenseitiger Respekt und Empathie sowie das aufmerksame, vorbehaltlose Zuhören im Mittelpunkt ihrer Theorie sowie ihrer praktischen Arbeit mit Kindern und Jugendlichen.

Annahme hängt von vielen Faktoren ab

Wie annehmend bist du deinem Kind gegenüber? Thomas Gordon hat für diese Bestandsaufnahme ein einfaches Diagramm entwickelt (siehe Grafik): In einem Viereck, das alle Verhaltensweisen des Kindes beinhaltet, befindet sich unten der Bereich der »Nicht-Annahme« und oben der Bereich der »Annahme«. Je nachdem wo du die Linie zeichnest, die diese beiden Bereiche trennt, liegt deine ganz persönliche »Annahmelinie«.

Das Verhaltensfenster

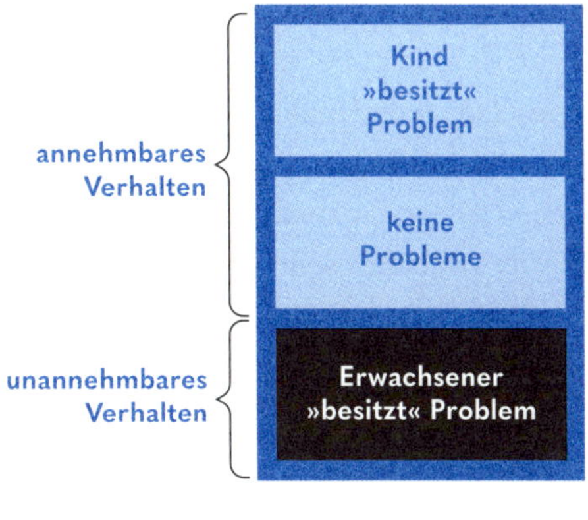

Drei Dinge haben auf deine Annahme Einfluss:

+ **Die Umgebung:** Angenommen, dein Kind spielt Fußball. Macht es das mitten im Wohnzimmer und zielt haarscharf an Fernseher und Stehlampe vorbei, dann wirst du das Verhalten vermutlich in den Bereich der »Nicht-Annahme« einsortieren. Spielt es hingegen auf der Wiese, wo ausreichend Platz ist, ist »Fußball spielen« eine annehmbare Verhaltensweise.
+ **Einfluss des Kindes:** Welche Erfahrungen hast du bereits mit deinem Kind gemacht? Wie alt ist es? Ist es etwa ein sicherer Radfahrer, dann wird es viel eher in deinem Annahmebereich liegen, wenn es auf der Straße mit seinem Fahrrad fährt. Ist es generell noch sehr verspielt und achtet wenig auf seine Umgebung, dann wird dieselbe Tätigkeit für dich schwer annehmbar sein.
+ **Eigener Einfluss:** Wie geht es dir selbst gerade physisch und psychisch? Wenn du müde bist, dann wird dich ein laut singendes Kind eher stören, als wenn du selbst fröhlich und ausgelassen bist.

Wie annehmend ein Elternteil generell ist, beruht laut Thomas Gordon auch auf seiner persönlichen Veranlagung und den Erfahrungen, die es selbst als Kind gemacht hat. Es spielen also deine eigenen Werte mit hinein, aber auch Glaubenssätze (z. B.: »Das tut man nicht.« Oder: »Ich bin nur dann eine gute Mutter, wenn mein Kind auf mich hört.«). Menschen mit einer hohen Toleranzschwelle ihren Kindern und auch anderen Menschen gegenüber sind laut Gordon meist die, die sich selbst mögen. Umgekehrt gibt es auch Menschen, die sehr ausgeprägte und strenge Ansichten darüber haben, wie andere sich verhalten sollen, was falsch und was richtig ist. Diese Menschen sind meist ihren Kindern gegenüber ebenfalls nicht sehr annehmend.

Übung
Wo befindet sich deine Annahmelinie aktuell?

Nimm dir jetzt gerne einen Moment Zeit und zeichne auf ein Blatt Papier ein großes Rechteck. Denke nun zunächst an das Kind, um das es geht. Trage in den oberen Bereich alle Verhaltensweisen ein, die du von diesem Kind gut annehmen kannst. In den unteren Bereich kommen alle Verhaltensweisen, die du ablehnst. Denk dabei nicht zu lange nach, sondern schreibe einfach alles runter, was dir einfällt. Schaue dir dein Rechteck an und überlege: Wo verläuft deine aktuelle Annahmelinie? Oder anders gesagt: Halten sich Verhaltensweisen, die du annehmen kannst, und solche, die du ablehnst, die Waage? Oder ist ein Bereich mehr ausgeprägt? Zeichne nun – wieder eher nach deinem Gefühl – deine aktuelle Annahmelinie ein. Bedenke: Es ist eine Momentaufnahme. Wiederhole daher gerne die Übung regelmäßig – und wenn du magst, auch für andere Familienmitglieder.

Solltest du festgestellt haben, dass deine Toleranzschwelle gegenüber dem Verhalten deines Kindes eher gering ist, dann tust du gerade einen entscheidenden Schritt, um daran etwas zu ändern. Denn die Beschäftigung mit der GFK, mit deinen eigenen Bedürfnissen und denen deines Kindes und vielleicht lang unterdrückten Gefühlen und zensierten Gedanken wird etwas in dir bewegen. Allein dadurch wirst du mit der Zeit voraussichtlich auch annehmender werden. Du lernst, Frieden zu schließen. Mit dir selbst – und auch mit anderen Menschen.

Als ich (Birthe) in einem Elternkurs diese Übung für mein damals fünfjähriges Kind gemacht habe, verlief meine Annahmelinie ziem-

lich weit oben. Es gab also einen eher kleinen Bereich, in den ich Verhaltensweisen einsortierte, die ich an meinem Kind gut annehmen konnte. Und dementsprechend einen ziemlich großen, in den ich Verhaltensweisen einordnete, die mir absolut missfielen. Ja, was ich gerne ändern oder »wegerziehen« wollte. Inzwischen zeichne ich (an den allermeisten Tagen) meine Annahmelinie für alle drei Kinder deutlich weiter unten ein.

Wer hat hier eigentlich das Problem?

Du kannst aus deinem Viereck nicht nur ablesen, wie annehmend du deinem Kind gegenüber aktuell bist, sondern auch, wer in welcher Situation das Problem hat (siehe Grafik). Denn je nach »Problembesitz« hast du unterschiedliche Werkzeuge zur Verfügung. Ist das Verhalten deines Kindes für dich nicht annehmbar, befindet sich also unterhalb deiner persönlichen »Annahmelinie«, dann »besitzt« du das Problem. Auf der anderen Seite gibt es auch Verhaltensweisen deines Kindes, die für dich selbst annehmbar sind und dich gleichzeitig darauf hinweisen, dass das Kind ein Problem hat.

Drei Formen des Problembesitzes nach Thomas Gordon:

+ **Das Kind besitzt das Problem,** weil es an der Erfüllung seiner Bedürfnisse gehindert wird. Die Situation ist kein Problem für den Elternteil, weil das Verhalten des Kindes wiederum nicht der Erfüllung der eigenen Bedürfnisse im Wege steht. (Das Verhalten wäre in dem Verhaltensfenster über deiner eigenen Annahmelinie platziert.)

  Selina (9) kommt aus der Schule nach Hause und erzählt weinend: »Lisa ist total doof, ich rede kein Wort mehr mit der.«

- **Es gibt kein Problem.** Das Kind befriedigt seine eigenen Bedürfnisse – und zwar auf eine Art und Weise, die in Einklang mit den Bedürfnissen des Elternteils sind. (Auch dieses Verhalten liegt im Verhaltensfenster oberhalb der eigenen Annahmelinie.)

  Jonas (5) spielt in seinem Zimmer, die Tür ist zu, seine Mutter liest in der Zeit in einem anderen Zimmer ein Buch.

- **Das Elternteil besitzt das Problem.** Das Kind befriedigt seine eigenen Bedürfnisse, und dieses Verhalten beeinträchtigt dich unmittelbar in deinem Wohlbefinden bzw. verhindert die Erfüllung deiner eigenen Bedürfnisse. (In diesem Fall ist das Verhalten unterhalb deiner Annahmelinie angesiedelt.)

  Die Mutter liest gerade ein Buch. Jonas (5) klettert auf ihren Schoß, zupft an ihr und ruft laut: »Ich will jetzt sofort mit dir spielen!«

Je nach Problembesitz kommen unterschiedliche kommunikative Werkzeuge zum Einsatz: Aktives Zuhören oder Empathie unterstützen dein Kind dabei, eigene Probleme selbstwirksam zu lösen oder Gefühle zu bewältigen. Du kannst diese jedoch nur bedingt einsetzen, wenn du selbst das Problem besitzt. Dann geht es vor allem darum, klare Ich-Botschaften zu nutzen, also einen authentischen Selbstausdruck (siehe Kapitel 2). Gleichzeitig wirst du auch immer wieder empathisch auf dein Kind eingehen und es in seinen Gefühlen begleiten, wenn ihr im Kommunikationsfluss bleiben wollt, also die Verbindung nicht abreißen soll. Du findest dazu hier im Buch und im Download-Bereich konkrete Formulierungshilfen zur Inspiration und direkten Umsetzung.

Kinder wollen kooperieren

Du hast jetzt schon viel über die Haltung erfahren, aus der heraus wir dieses Buch schreiben. Ein wichtiger Teil davon ist, dass wir den Kooperationswillen von Kindern voraussetzen. Die Wurzeln dafür reichen tief in unsere Vergangenheit zurück: Menschen sind seit jeher soziale Wesen, die sich in Gruppen beispielsweise gegen Feinde besser behaupten konnten und auch Aufgaben untereinander verteilt haben. Es galt daher (beispielsweise in der Steinzeit) als unerlässlich, Teil der Gruppe zu bleiben. Ein Ausschluss hätte mitunter tödliche Folgen haben können. Auch verschiedenste Verhaltensforscher belegen die Hilfsbereitschaft und Kooperationsfähigkeit von Kindern.[4]

Gleichzeitig kommt es natürlich vor, dass Kinder nicht kooperieren. Nora Imlau, Autorin zahlreicher Familienratgeber, schreibt dazu: »Unsere Kinder sind nicht unsere Feinde. Grundsätzlich liegt es in ihrer Natur, gut mit uns klarkommen zu wollen. Nur klappt das eben manchmal nicht: etwa weil sie erschöpft, traurig oder wütend sind.«[5]

Dies deckt sich mit den Annahmen der Gewaltfreien Kommunikation. Zur Erinnerung: Statt zu fordern, formulieren wir in der GFK Bitten. Diese Bitten können selbstverständlich auch abgelehnt werden. Statt nun jedoch frustriert zu sein und mit dem Kind zu schimpfen, kannst du detektivisch tätig werden: Was steht einer Kooperation meines Kindes gerade im Wege? Wozu genau sagt es gerade Nein? Welches seiner Bedürfnisse versucht es sich dadurch zu erfüllen? Was braucht es, um vielleicht doch mitmachen zu können? Du kannst ein Nein also als Einladung verstehen, mit deinem Kind in Verbindung zu gehen und gemeinsam nach Lösungen zu suchen. In manchen Momenten kann es schon genügen zu signalisieren, dass du das Nein deines Kindes gehört hast und es ernst nimmst. Wir haben die Erfahrung gemacht, dass manches Nein nicht so absolut ist, wie es im ersten Moment klingt.

Wenn dein Kind nicht kooperiert, kann es sein, dass …

+ es alles dafür tut, seine Integrität zu wahren.
+ es müde, gestresst, traurig, wütend oder überfordert ist.
+ es seine Kapazität für Kooperation schon verbraucht hat.
+ es Einfühlung braucht, weil es sich unverstanden fühlt.
+ es anderen Bedürfnissen den Vorzug gibt oder versucht, sich diese zu erfüllen.
+ die Botschaft verwirrend, doppeldeutig oder unklar war.

Frage dich an dieser Stelle gerne einmal selbst, wie du den Begriff »Kooperation« für dich bisher ausgelegt hast. Was genau meinst du, wenn dein Kind nicht kooperiert? Wäre es da vielleicht ehrlicher und korrekter zu sagen, dein Kind macht nicht das, was du ihm sagst?

Kooperation jedenfalls bedeutet »Zusammenarbeit« (lat. cooperatio) und nicht etwa »Gehorsam« oder »Unterwerfung«. Motive für diese Zusammenarbeit sind die Bedürfnisse nach Sicherheit, Verbindung, Gemeinschaft und mitunter auch Wirksamkeit. Allerdings befindet sich ein Mensch in einem permanenten Spannungsfeld zwischen Kooperation und Wahrung seiner Integrität (damit ist die Gesamtheit der persönlichen Identität gemeint). Gerade bei sehr willensstarken Kindern kann sich die Waagschale dann auch schneller Richtung Integrität bewegen. Eine wichtige Entwicklungsaufgabe für Kinder ist es daher zu lernen, die eigene Integrität zeitweise auch mal zurückzustellen, ohne sie dafür gänzlich aufzugeben. Kooperation setzt auch stets eine Gegenseitigkeit voraus – also den Willen, sich auf die Welt des anderen einzulassen und die Perspektive zu wechseln.[6]

Was brauchen Kinder?

Um gut auf dein Kind eingehen zu können, ist es nicht nur wichtig, deine eigene Haltung beziehungsweise Einstellung zu deinem Kind zu hinterfragen, sondern auch die Bedürfnisse deines Kindes. In den jeweiligen Situationen können die Bedürfnisse ein wichtiger Anhaltspunkt sein, um das Verhalten deines Kindes besser zu verstehen.

Bedürfnisse vs. Strategien

Zur Erinnerung: Die Gewaltfreie Kommunikation unterscheidet zwischen Bedürfnissen und Strategien. **Bedürfnisse** sind dabei universell und beschreiben, was eine Person gerade braucht. Bedürfnisse können auf verschiedenen individuellen Wegen erfüllt werden. **Strategien** hingegen sind das Potenzial für Veränderungen, denn eine Strategie zur Bedürfniserfüllung kann angepasst und verändert werden. Sie sind für jeden Menschen unterschiedlich und beschreiben *einen konkreten* Weg, das zugrundeliegende Bedürfnis zu erfüllen. Nicht immer ist das Bedürfnis hinter dem eigenen Handeln und dem Handeln anderer erkennbar. Jedoch steckt hinter jedem Verhalten ein Bedürfnis.

Zum Beispiel könnte ein Bedürfnis deines Kindes »Hunger« sein. Dieses Bedürfnis haben alle Menschen, aber wie sich dein Kind dieses Bedürfnis erfüllt, ist individuell unterschiedlich: Es könnte zum Beispiel Süßigkeiten essen oder sich ein Brot machen, um den Hunger zu stillen.

Grundbedürfnisse nach Klaus Grawe

Im Rahmen der Konsistenztheorie[7] hat der deutsche Psychologe Klaus Grawe die psychologischen Grundbedürfnisse des Menschen genauer betrachtet. Dabei klammerte er körperliche Grundbedürfnisse – wie Hunger, Durst, Schlaf und Ähnliches – aus. Diese stellen natürlich auch wichtige Bedürfnisse dar. Da diese jedoch im Alltag ohnehin für uns meist präsenter sind, wollen wir uns auf die nichtkörperlichen Bedürfnisse konzentrieren. Grawe beschreibt vier **psychologische Grundbedürfnisse**, die unser Handeln beeinflussen und leiten:

+ das Bedürfnis nach Bindung
+ das Bedürfnis nach Orientierung und Kontrolle
+ das Bedürfnis nach Lustgewinn und Unlustvermeidung
+ das Bedürfnis nach Selbstwerterhöhung

Die Erfüllung dieser psychologischen Grundbedürfnisse führt zu einer stabilen psychischen Gesundheit – sie beeinflussen unmittelbar die Entwicklung deines Kindes und sind in jedem Alter sehr wichtig.

Bedürfnis nach Bindung

Das Bedürfnis nach Bindung bedeutet, dass dein Kind sich sicher, geborgen und geliebt fühlen möchte. Dieses Bedürfnis ist nicht nur auf die Eltern, sondern auch auf alle anderen sozialen Situationen bezogen – zum Beispiel Schule, Kindergarten oder Vereine. Dein Kind braucht also einerseits die Sicherheit, dass du immer für es da bist und es unterstützt. Zum anderen möchte dein Kind sich auch in weiteren sozialen Situationen zugehörig und angenommen fühlen, zum Beispiel durch Freundschaften oder Anerkennung durch Lehrer:innen oder Mitschüler:innen. Bei ADHS kann die Erfüllung dieses Bedürfnisses schwierig sein, da es durch die ADHS-Symptome häufiger in Schule und Kita zu Konflikten kommt. Dann hat es dein Kind schwerer, Freundschaften zu schließen, und das Zugehörigkeitsgefühl leidet.

Bedürfnis nach Orientierung und Kontrolle

Dieses Bedürfnis bedeutet einerseits, dass dein Kind das Gefühl bekommen möchte, eigene Kontrolle zu haben und die Umwelt zu beeinflussen. Andererseits beschreibt es aber auch den Wunsch nach Orientierung durch Regeln und Grenzen. Es ist daher wichtig, die Balance zwischen der Autonomie deines Kindes und euren Regeln zu Hause zu finden. Ausreichend Autonomie gibt dem Kind das Gefühl, Dinge allein zu schaffen und selbstwirksam zu sein. Das steigert das Selbstvertrauen und schafft eine höhere Resistenz gegen Stress. Gleichzeitig ist es wichtig, deinem Kind durch Struktur und persönliche Grenzen (siehe Kapitel 4) Orientierung zu geben. Denn zu viel Autonomie kann dein Kind überfordern und zu Orientierungslosigkeit und Unsicherheit führen.

Bedürfnis nach Lustgewinn und Unlustvermeidung

Hinter dem Bedürfnis nach Lustgewinn und Unlustvermeidung steckt der Wunsch, Gutes oder Angenehmes zu erleben und unliebsame Aufgaben oder Situationen zu vermeiden. Sicher hast du schon bemerkt, dass dieses Bedürfnis bei einem Menschen mit ADHS besonders stark ausgeprägt ist. Das hängt mit dem geringeren Dopamingehalt im synaptischen Spalt zusammen (siehe Kapitel 1). Positive und angenehme Aktivitäten liefern Dopamin und lästige Aufgaben verbrauchen das ohnehin schon unzureichende Dopamin.

Die Einschätzung, welche Aufgaben als angenehm wahrgenommen werden, ist von Mensch zu Mensch unterschiedlich. Das Bedürfnis nach Lustgewinn und Unlustvermeidung kann sich bei ADHS auch zu einem sogenannten »Thrill-Seeking« entwickeln, wodurch die Personen mit ADHS immer wieder die Herausforderung und (noch) gefährlichere Situationen suchen (Bungee-Jumping, Fallschirmspringen etc.).

Bedürfnis nach Selbstwerterhöhung

Alle Menschen haben das Bedürfnis, das eigene Selbstvertrauen zu stärken. Damit ist einerseits der Wunsch nach Anerkennung durch andere gemeint und andererseits die Erfüllung der eigenen (oft überhöhten) Erwartungen. Kinder mit ADHS erhalten häufig negative Rückmeldungen für das eigene Verhalten und suchen deswegen zum Schutz ihres eigenen Selbstwertes vermehrt nach Anerkennung und Lob durch nahe Bezugspersonen. Erinnere dich an die Studie von William Dodson aus Kapitel 2: Kinder mit ADHS erhalten demnach bis zum 12. Lebensjahr 20 000 negative Rückmeldungen.

Also was brauchen Kinder?

Kinder brauchen Anleitung und Vorbild, um die eigenen Grundbedürfnisse zu erfüllen – ohne dabei permanent die Bedürfnisse anderer zu übergehen. Durch die bedürfnisorientierte und friedvolle Begleitung deines Kindes lernt es, die eigenen Bedürfnisse im Erwachsenenalter selbstständig wahrzunehmen und zu befriedigen. Dabei sollte das Ziel sein, dass dein Kind dies aus eigenem Antrieb heraus schafft (intrinsische Motivation), ohne durch Belohnung oder Bestrafung dazu gebracht zu werden (extrinsische Motivation). Denn nur so kann es selbstständig an den eigenen Zielen arbeiten und diese kleinschrittig und nachhaltig erreichen – ohne ständige Kontrolle und Druck von außen.

Dein Kind braucht dich als eine stabile und zuverlässige Bezugsperson, die aber natürlich nicht perfekt sein muss. Es braucht einen geregelten und verlässlichen Alltag mit Routinen sowie Regeln und Grenzen zur Orientierung. Gleichzeitig sollten Raum und Zeit für Autonomie und Entwicklungsmöglichkeiten vorhanden sein, um eigene Erfolge zu feiern und das Selbstvertrauen zu stärken. Dein Kind braucht Bestätigung, Zuspruch und ein (An)Erkennen und

Fördern der eigenen Fähigkeiten. Theoretisch ist dir das vermutlich klar. Doch in der Praxis ist es dann doch eben oft knifflig. Warum das so ist und wie du damit umgehen kannst, erfährst du im nächsten Abschnitt.

Was steckt hinter dem Verhalten?

Von null auf 180 in unter einer Sekunde. Kennst du das auch? Gerade warst du noch entspannt, liebevoll und ruhig – und im nächsten Moment eskaliert die Situation und du verlierst die Kontrolle. Du kannst diese Reaktion nicht verstehen. Es ist wie ein Vulkanausbruch oder ein Fass, das überläuft. Plötzlich ist alles zu viel. Diese Situationen kennt wahrscheinlich jede:r. Es fühlt sich an, als wäre man nicht mehr Herr (oder Frau) der eigenen Sinne und irgendwas in einem würde per Joystick die Kontrolle übernehmen. Überforderung und Verwirrung sind häufig die Folge. Stimmt etwas nicht mit mir? Wieso bin ich so dünnhäutig? Wie konnte das passieren? Ich möchte doch eine gute Mutter bzw. ein guter Vater sein.

Erst einmal ist wichtig: Du bist nicht allein damit! Jeder von uns hat diese wunden Punkte und Auslöser, die uns aus der Haut fahren lassen. Umso wichtiger ist es zu schauen, woher dieses Verhalten eigentlich kommt. Denn jedes Verhalten hat einen Grund (ja – auch die Ausraster und Kontrollverlust-Situationen). Es gibt viele Situationen im Alltag, die anstrengend sein können und in denen es schwer sein kann, das Verhalten deines Kindes oder dein eigenes Verhalten zu verstehen. Sei es bei einem Wutanfall, wenn dein Kind gegen die Tür tritt, es sich in neuen Situationen vor Angst an dich klammert oder wenn du dich provoziert fühlst, weil dein Kind dich nachäfft. Die einen Eltern versuchen durch Diskussionen oder Belohnungen oder Bestrafungen erwünschtes Verhalten zu fördern oder unerwünschtes Verhalten abzustellen. Andere verlieren die Kontrolle und schreien ihr Kind an. Wieder andere begleiten diese Situationen liebevoll und entspannt. Warum reagieren Eltern so unterschiedlich?

Wir sehen nur die Spitze des Eisbergs

Um Verhalten besser zu verstehen, kannst du dir einen Eisberg vorstellen. Er ragt nur zu etwa zehn Prozent aus dem Wasser heraus. Dies ist das sichtbare Verhalten, das wir von außen betrachten können. Doch 90 Prozent des Eisberges sind unter Wasser und somit nicht erkennbar. Wir sehen also nur einen winzigen Teil von ihm, und unter der Wasseroberfläche wartet noch einiges, was uns mehr oder weniger bewusst ist. Dies können sein:

+ versteckte Bedürfnisse
+ Gedanken
+ Gefühle
+ Wertvorstellungen
+ bisherige Erfahrungen und Vergangenheit

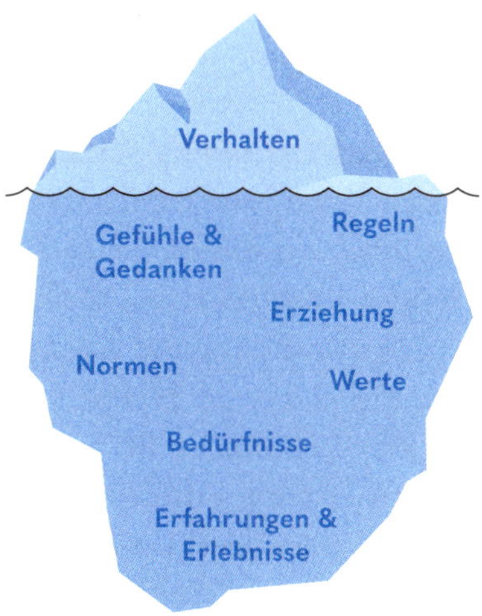

Gerade unsere bisherigen Erfahrungen können dazu beitragen, bestimmte Muster und Schemata herauszubilden. Dies kannst du dir so vorstellen wie eine Brille, durch die du blickst, oder eine Wunde aus der Vergangenheit aufgrund eines nicht erfüllten Bedürfnisses in der Vergangenheit.

Wenn ich immer wieder die Erfahrung gemacht habe, dass andere Menschen mich ablehnen für mein Verhalten und ich ausgegrenzt werde, dann fällt es mir irgendwann schwerer, mich gegenüber anderen Menschen zu öffnen. Mein Bedürfnis nach Anerkennung und Zugehörigkeit kann nicht erfüllt werden. Um mich zu schützen, sehe ich in der Interaktion mit anderen Menschen dann immer wieder die Gefahr, erneut verletzt zu werden. Ich habe also eine Art Ausgrenzungs-Brille auf und interpretiere das Verhalten anderer eher gegen mich. Dies kann mich dann zwar vor weiteren Verletzungen schützen, weil ich niemanden mehr an mich heranlasse. Aber ich habe auch nicht mehr die Chance, eine andere Erfahrung machen zu können und das Bedürfnis nach Zugehörigkeit zu erfüllen. Es bildet sich also eine kleine Wunde durch das in der Vergangenheit nicht erfüllte Grundbedürfnis nach Anerkennung und Zugehörigkeit.

Diese Brille, die wir aufhaben, ist uns in der Regel nicht bewusst und beim Eisberg unter der Oberfläche zu finden. Sie kann aber unser Verhalten stark beeinflussen. Eine solche Wunde durch ein nicht erfülltes Grundbedürfnis kann dann in Gegenwart und Zukunft zu einem Kontrollverlust führen. Denn die Brille wird aufgesetzt und somit werden alte Verhaltensmuster aktiviert.

Unser Verhalten ist also nicht nur der Versuch, unsere Bedürfnisse zu erfüllen, sondern es ist auch geprägt durch alte Wunden von nicht erfüllten Grundbedürfnissen in der Vergangenheit. Das Verhalten aus der Vergangenheit war damals vielleicht hilfreich, um weitere Rückweisungen zu vermeiden. Es ist aber heute nicht mehr notwendig, denn andere Menschen als damals sind beteiligt. Diese

Muster und Schemata können daher durchbrochen und bearbeitet werden. Dafür braucht es zunächst das Bewusstsein für diese Wunden. Daher möchten wir dich einladen, den unbewussten Teil deines Eisbergs mit der folgenden Übung zu erforschen, um deine Muster und Schemata an die Oberfläche zu bringen.

Übung
Den eigenen Eisberg erforschen

Nimm dir ein Blatt Papier und überlege, in welcher Situation du dich das letzte Mal gefragt hast, warum du so dünnhäutig und vielleicht auch übertrieben reagiert hast. Schreibe diese Situation auf. Überlege genau, was dein Kind gemacht hat (im Sinne einer wertfreien Beobachtung) und wie du dann reagiert hast.
Beantworte nun folgende Fragen:

+ Wie hast du dich in diesem Moment gefühlt? Warst du wütend, traurig, verletzt, überfordert, hilflos oder etwas ganz anderes?
+ Was sind die Gedanken, die du in diesen Momenten als Erstes hattest?

Und jetzt schaue noch mal zurück in deine Vergangenheit und überlege, woher kennst du diesen Gedanken? Wo hast du dieses Gefühl schon einmal gehabt? Schreibe hier verschiedene Situationen auf, wo du Ähnliches schon erlebt hast. Dabei muss dies nicht in der Interaktion mit deinem Kind passiert sein. Vielleicht war es mit deinen Eltern, deinem Partner oder deiner Partnerin, mit einer Person aus deinem Freundeskreis oder im schulischen Umfeld deines Kindes oder noch anderswo.

Nimm dir jetzt ein paar Minuten Zeit und schaue zurück auf die Vergangenheit und deine bisherigen Beziehungserfahrungen. Überlege, welches Bedürfnis du in diesen hochemotionalen Situationen gehabt hast. Vielleicht ist es das Bedürfnis nach Bindung (Unterstützung, Zuwendung, Zugehörigkeit), Autonomie und Selbstwirksamkeit, Identität, Struktur und Grenzen, Selbstwert und Anerkennung, Lustgewinn und Spontanität, Spiel? Schaue bei Bedarf auch in die Bedürfnis-Liste im Download-Bereich. Schreibe auf, welche Bedürfnisse nicht gestillt waren.

+ Was hättest du in der Situation tun können, um diese Bedürfnisse noch erfüllt zu bekommen? War dies möglich?

Diese Übung kannst du für dich allein oder auch mit deinem Kind gemeinsam machen. Denn auch junge Menschen werden durch die Vergangenheit beeinflusst und haben bereits einen riesigen Eisberg unter der Oberfläche. Um die Übung für dich einfacher zu gestalten, haben wir ein paar typische Gedanken und »Brillen« von Kindern und Jugendlichen aufgeschrieben (angelehnt an die Schematherapie). Welche kommen dir bekannt vor?

+ *Früher oder später stehe ich wieder allein da.* Verlassenheits-Brille
+ *Ich bin schwach und hilflos ohne meine Eltern.* Abhängigkeits-Brille
+ *Ich bin etwas ganz Besonderes und brauche nicht zu lernen oder mich an Regeln halten.* Grandiositäts-Brille
+ *Zu viel Nähe ist gefährlich: Ich könnte ausgenutzt, misshandelt, belogen werden.* Misstrauens-Brille
+ *Ich schaff das nicht und werde versagen.* Versagens-Brille

+ *Andere wissen es besser. Sollen doch die anderen entscheiden.* Unterwerfungs-Brille
+ *Ich muss anderen zeigen, wie gut ich bin.* Streben-nach-Anerkennung-Brille
+ *Ich bin anders. Die anderen verstehen mich nicht. Ich gehöre nicht dazu.* Soziale-Isolations-Brille
+ *Ich bekomme nicht genug Zuwendung, Verständnis und Unterstützung.* Alleinsein-Brille
+ *Ohne mich bricht der Laden zusammen./Ich muss nur noch kurz die Welt retten.* Selbstaufopferungs-Brille
+ *Ich muss nur lange genug warten, bis das Unglück wieder da ist./Ich bin ein Pechvogel und daran wird sich nichts ändern.* Negativitäts-Brille
+ *Nur wenn ich hohe Leistung bringe, bin ich liebenswert.* Überhöhte-Standards-Brille
+ *Wenn ich einen Fehler mache, muss ich dafür auch bestraft werden.* Bestrafen-Brille
+ *Ich halte das nicht aus. Das muss ich mir nicht antun.* Unzureichende-Selbstdisziplin-Brille
+ *Gefühle sind kindisch und unvernünftig. Gefühle zeigen ist nicht akzeptabel.* Emotionale-Gehemmtheits-Brille
+ *Die Welt ist voller Gefahren. Ich muss aufpassen.* Gefahren-Brille
+ *Ich kann nicht ohne meine Eltern und sie nicht ohne mich. Ich muss alles für sie tun.* Verstrickungs-Brille

Unser Verhalten stellt also eine Strategie zur Bedürfniserfüllung dar und ist nicht immer eine bewusste Entscheidung. Eine Dünnhäutigkeit kann dann zum Beispiel aus einer Verletzung aus der Vergangenheit heraus entstehen. Dabei beeinflussen unsere (unbewussten) Gedanken unsere Gefühle und unser Verhalten. Der erste Schritt zur Verhaltensänderung: die eigenen Auslöser und Trigger aus der Vergangenheit zu erkennen. Weitere Schritte sind das Erlernen und Einüben einer wohlwollenderen Haltung in diesen Situationen. Denn heute ist nicht damals, und die Brille ist eventuell gar nicht mehr notwendig.

Wie kannst du also in der heutigen Situation dafür sorgen, dass deine Grundbedürfnisse und die Grundbedürfnisse deines Kindes erfüllt werden? Dafür kannst du unter anderem mit stärkenden Sätzen arbeiten.

Warum helfen stärkende Sätze? Das Gedanken-Gefühle-Verhalten-Dreieck

Unser Verhalten wird durch unsere Gedanken und Gefühle gesteuert. Unser Verhalten kann aber auch wieder neue Gedanken und Gefühle auslösen und so weiter. Durch diese Interaktion kann dann ein sogenannter »Teufelskreis« entstehen – und Situationen eskalieren. Dazu ein Beispiel aus der Beratung:

Anna ist morgens vor der Schule mit ihrer Tochter Nelli (8 Jahre, 3. Klasse) meist allein, ihr Mann fährt sehr früh zur Arbeit. Schon seit Monaten kommt es morgens regelmäßig zum Streit zwischen Anna und ihrer Tochter. Anna schläft deshalb oft schlecht und wacht morgens bereits mit Sorgen auf. Hoffentlich eskaliert es nicht wieder!, denkt sie jedes Mal. Ich möchte doch nur einmal einen ruhigen Morgen ohne Streit haben! Diese Gedanken lösen Angst, Sorge und auch eine leichte Wut bei ihr aus. Dadurch ist sie bereits angespannt und reagiert in der Interaktion mit ihrer Tochter von Anfang an gereizt. Beim Wecken geht Nelli dann sofort in Widerstand und beschimpft Anna, die sogleich zurückschimpft. Anna fühlt sich in ihren negativen Gedanken bestätigt: Ich kriege es einfach nicht hin! Eine Traurigkeit macht sich breit und die Wut wird stärker. Das Ganze schaukelt sich beim Frühstück noch hoch, und als Nelli sich anziehen soll, rastet das Mädchen schließlich komplett aus. In solchen Wutsituationen verliert Nelli die Selbstkontrolle und schlägt um sich. Anna verliert dann häufig eben-

falls die Selbstkontrolle und schreit ihre Tochter an oder hält diese fest und zwingt sie, sich anzuziehen. In diesen Momenten fühlt sich Anna wie ferngesteuert und in einem Teufelskreis gefangen. Später macht sie sich abermals Vorwürfe und fragt sich, ob sie eine schlechte Mutter ist. Am nächsten Morgen wird es noch schwerer für sie, ruhig zu bleiben. Der Teufelskreis geht weiter.

Solch ein Teufelskreis lässt sich am besten durch eine Veränderung unserer Gedanken durchbrechen. Denn negative Gedanken führen immer wieder zu weiteren negativen oder unangenehmen Gefühlen (aus Wut wird zum Beispiel Traurigkeit oder Ähnliches). Durch positive oder bestärkende Gedanken können die Gefühle in eine andere Richtung gelenkt werden.

Anstatt zu denken: Ich kriege es einfach nicht hin!, könnte Anna auch denken: Wir sind heute beide müde und haben das Bedürfnis nach einem ruhigen Morgen und strengen uns an. Oder: Nur weil es morgens zu Streit kommt, bin ich keine schlechte Mutter. Durch die Veränderung der eigenen Gedanken haben die negativen Gefühle einen viel geringeren Einfluss. Und mit jeder erfolgreichen Situation am Morgen ohne Eskalation werden die positiven und stärkenden Gedanken von Anna an Kraft gewinnen und ihr somit nach und nach ihr Selbstvertrauen zurückgeben.

Kapitel 4
Leichter durch den Alltag

Du hast in den vorhergehenden Kapiteln viel darüber erfahren, was Kinder brauchen und wie Worte sie stärken können. Zudem haben wir dir Wissen an die Hand gegeben, mit dem ihr eure Beziehung festigen könnt. Vielleicht hast du inzwischen erste Dinge davon ausprobiert und Erfahrungen gesammelt. Und vielleicht meldet sich auch eine kleine Stimme zu Wort, die sagt: »In der Theorie klingt das ja alles schön und gut – aber mit meinem Kind und mit unseren Voraussetzungen klappt das so nicht.« Oder eine andere, die klagt: »Wenn ich das alles umsetze – wo bleibe denn dann ich noch?« Zwei Dinge möchten wir daher an dieser Stelle noch einmal ganz klarstellen: 1. Bedürfnisorientierung bedeutet *nicht*, es dreht sich alles nur noch um die Bedürfnisse deines Kindes und alles andere wird unwichtig. Nein, es geht darum, dass die Bedürfnisse aller Familienmitglieder gesehen, benannt und so gut es geht erfüllt werden. Dass das nicht immer möglich ist (zumindest prompt und in vollem Umfang), gehört dazu. 2. Die Gewaltfreie Kommunikation ist kein Freifahrtschein für jegliches Verhalten deines Kindes. Du darfst und sollst deinem Kind durchaus Rückmeldungen geben. Das ist einer der erheblichen Unterschiede zwischen GFK und Erziehungsstilen wie *Laissez-faire*.

In diesem Kapitel geben wir dir Impulse, um die Balance zwischen Gleichwürdigkeit und Autonomie deines Kindes einerseits sowie elterlicher Führung und dem klaren Erkennen und Kommunizieren persönlicher Grenzen andererseits besser halten zu können. Das ist durchaus eine hohe Kunst! Solltest du den Anspruch an dich haben, dies jederzeit zu schaffen, dann lege diesen bitte mehr und mehr ab. Alles, was wir hier schreiben, ist ein Idealzustand, an den wir uns so gut es geht annähern können und den wir gewissermaßen als Nordstern nutzen können. Diesen werden wir aller Voraussicht nach nie erreichen. Aber er weist uns den Weg und bringt uns immer wieder zurück in die Spur.

Orientierung, Führung und Klarheit durch dich sind wichtige Bedürfnisse deines Kindes, und zu viel Autonomie überfordert es. Andersherum können zu starre Strukturen und Regeln unnötig einengen und heftigen Widerstand hervorrufen. Wie Führung und Gewaltfreie Kommunikation Hand in Hand gehen können, erfährst du auf den folgenden Seiten. Zudem knüpfen wir an bestimmte Elemente an, die du vielleicht schon in Gesprächen mit therapeutischen, pädagogischen oder beratenden Fachkräften kennengelernt hast: Wir nennen diese die »Prinzipien im Umgang mit Kindern mit ADHS«. Wie ihr als Familie diese für euch integriert und umsetzt, ist ganz allein euch überlassen und darf sich mit der Zeit auch verändern. Was heute passt, kann morgen schon wieder überholt sein. Das ist völlig normal, da Menschen sich nun einmal ständig weiterentwickeln. Vertraue dem Prozess und deiner Intuition. Du kennst dein Kind am besten.

Wertschätzend und gleichzeitig klar sein

Wir haben es gerade schon geschrieben: GFK ist nicht gleichzusetzen mit Laissez-faire, also einem Erziehungsstil, bei dem Kinder viel Freiheit und Autonomie erfahren und Eltern eher passiv bleiben. Die Idee dahinter ist, dass Kinder ohne feste Vorgaben eher zu selbstbewussten und verantwortungsbewussten Erwachsenen werden. Durch den fehlenden Rahmen erfahren die Kinder aber, unserer Meinung nach, zu wenig Sicherheit und können durch die viele Freiheit überfordert sein. Die vorwiegend passive Rolle der Eltern bringt weitere Schwierigkeiten mit sich. Denn Kinder brauchen ehrliche Rückmeldung – und sie fordern Aufmerksamkeit in der Regel vehement ein. Natürlich erhalten sie diese am liebsten in positiver, angenehmer Form. Doch bevor sie gar keine Aufmerksamkeit bekommen, nehmen sie lieber negative Aufmerksamkeit in Kauf. Das ist auch der Grund, warum Kinder, die sich unbeachtet fühlen, irgendwann zu immer drastischeren Verhaltensweisen greifen (urteilend würden wir sagen, sie »provozieren«).

Nicht Eingreifen ist also keine Lösung – vor allem dann nicht, wenn durch das Handeln des Kindes die Bedürfnisse einer oder mehrerer Personen in der Familie (dauerhaft) in Mangel geraten. Hilfreich finden wir hier die Definition des Philosophen Immanuel Kant: »Die Freiheit des Einzelnen endet dort, wo die Freiheit des Anderen beginnt.« Indem du als Elternteil für dich und deine Bedürfnisse einstehst, übernimmst du Verantwortung für deine Gefühle und dein Wohlbefinden und bietest deinem Kind gleichzeitig ein Geländer, an dem es sich festhalten kann. Dein Kind erhält dadurch Sicherheit und Orientierung. Es weiß dann, es muss keine Verantwortung für dich übernehmen. Denn es gibt durchaus Kinder, die zum Über-Kooperieren neigen, also sich zu viel anpassen und zu sehr darauf schauen, ob es allen gut geht.

Kinder lernen durch unser Vorbild. Wenn wir unsere eigenen, persönlichen Grenzen klar kommunizieren, dann lernen sie: Auch ich darf »Nein« und »Stopp« sagen – und werde gehört. Nun bleibt noch unweigerlich die Frage, wie du es friedvoll und bedürfnisorientiert schaffst, dass deine eigenen Grenzen gewahrt werden. Denn leider ist das dann oftmals ein Punkt, an dem dir eine Stimme einflüstert: »Irgendwann ist auch einfach mal Schluss mit gewaltfrei und friedvoll! Da hilft dann nur noch: Hart durchgreifen!« Ist das wirklich so?

Die Gewaltfreie Kommunikation unterscheidet zwischen »Grenzen als Wolf« (gewaltvoll) und »Grenzen als Giraffe« (beharrlich). Wie sich der Wolf benimmt und ausdrückt, ist uns allen sehr bekannt. Vielleicht erinnerst du dich da auch noch an Situationen aus deiner eigenen Kindheit: Erwachsene, die dich am Arm packen, wegtragen oder schieben; lautes Geschrei; Drohungen; Strafen und so weiter.

Diese Art der Kommunikation von Grenzen orientiert sich an Normen, Regeln und Moral und hat zum Ziel, die eigene Sichtweise durchzusetzen. Es ist also ein eindeutiges Machtgefälle spürbar. Oft sind diese Grenzen auch willkürlich gesetzt oder begründet durch Sätze wie »Das tut man nicht« oder »So ist nun einmal die Regel«. (Nicht nur) Kinder können mit dieser Art von Grenzen wenig anfangen. Wer ist denn dieser »man«? Und warum soll ich mich an diese Regel halten? Wenn die Giraffe hingegen Grenzen kommuniziert, dann orientiert sie sich an ihren Bedürfnissen *und* denen ihres Gegenübers. Ihr Ziel ist es, die Bedürfnisse aller bestmöglich zu berücksichtigen. Das klingt natürlich leichter als gesagt. Doch die Werkzeuge dafür hast du bereits in den Kapiteln 1 und 2 erhalten. Nun ist es eine Frage der Übung und des stetigen Probierens.

Ein wichtiger Schlüssel ist die Klarheit über deine eigenen (unerfüllten) Bedürfnisse in diesem Moment. Hier noch einmal für dich eine Zusammenfassung, worauf es bei der Kommunikation von persönlichen Grenzen ankommt:

+ Du bist authentisch und klar, weißt also, wo deine Grenze berührt ist.
+ Gleichzeitig bist du offen für das Bedürfnis, welches sich dein Gegenüber erfüllt und das im Widerspruch zu deinem Bedürfnis steht (Kind rennt tobend und schreiend durchs Wohnzimmer, du brauchst Ruhe).
+ Du bleibst mit deiner Botschaft bei dir, deinen Gefühlen und

deinen Bedürfnissen und fällst über dein Gegenüber keine Urteile oder stellst Diagnosen an.
+ Du hast für dein Gegenüber verständlich und umsetzbar formuliert, um was es dir geht.

Und ja, wir wissen auch, was viele therapeutische Fachkräfte und einschlägige Ratgeber-Literatur immer und immer wieder betonen: Nicht auf Diskussionen einlassen mit einem Kind, das ADHS hat. In der Tat kann es sehr zermürbend sein, wenn es ein steter Schlagabtausch zwischen »Nein« und »Doch« wird. Versuche deswegen, gar nicht erst in solche Machtkämpfe hineinzugeraten.

Machtkampf im Anmarsch? So steigst du aus!

»Du siehst das so und ich sehe das anders.«

»Dir scheint das gerade sehr wichtig zu sein, stimmt's? Mir geht es genauso. Ich brauche dringend Ruhe und du willst hier toben. Was sind denn deine Ideen dazu? Wie könnten wir das lösen?«

»Ich möchte da jetzt nicht weiter drüber sprechen und komme später darauf zurück, okay?«

»Okay, du möchtest weiter Konsole spielen, ich habe das verstanden. Was stellst du dir denn vor? Lass uns darüber sprechen und schauen, ob wir eine Lösung finden.«

Je nach Situation kann deine Reaktion unterschiedlich ausfallen. Anfangs mag es vielleicht auch ungewohnt sein, einer Idee des Kindes eine Chance zu geben und diese nicht als »respektlos« einzuordnen (siehe Beispiel). Bei jeder Idee deines Kindes entscheidest du, ob diese für dich annehmbar ist oder nicht. Wichtig ist nur, dass es überhaupt mit seinen Ideen gehört wird.

Familie Schulze sitzt beim Abendessen. Sophie (4) rutscht unruhig auf ihrem Stuhl herum und singt dazu laut ein Lied, das sie im Kindergarten gelernt hat. Vater Max hat heute schon den ganzen Tag über Kopfschmerzen. Erst erträgt er die Situation eine ganze Weile, dann platzt ihm plötzlich der Kragen. Er brüllt Sophie an: »Kannst du nicht einmal Rücksicht nehmen!«

***So hätte es auch weitergehen können:** Als Max merkt, dass die Situation für ihn zunehmend schwerer zu ertragen ist, tippt er Sophie an und sagt: »Weißt du, ich habe heute schon den ganzen Tag Kopfschmerzen und brauche dringend Ruhe. Kannst du bitte aufhören zu singen?« Sophie schaut ihn an und singt weiter. Max sucht erneut den Kontakt: »Sophie, ich merke, du willst weiter singen und gleichzeitig brauche ich Ruhe. Was machen wir jetzt?« Sophie hat sofort eine Idee: »Papa, du kannst doch in die Küche gehen und dort essen.«*

Prinzipien in der Begleitung von Kindern mit ADHS

Regeln, Struktur und Routinen stehen nicht unbedingt im Widerspruch mit einer gewaltbewussten, bedürfnisorientierten Begleitung. Auch hier geht es letztlich um die zugrunde liegende Haltung. Diese kannst du leicht überprüfen, indem du dich fragst: Wie gehen wir in unserer Familie mit Regelverstößen um? Folgt darauf eine Strafe (gerne auch »Konsequenz« genannt, was in den meisten Fällen nur eine Umschreibung dafür ist und dasselbe meint) oder betreiben wir Ursachenforschung, warum es dem Kind so schwerfällt, die Regel einzuhalten? Wir gehen noch an späterer Stelle genauer darauf ein, wie es dir gelingen kann, *gemeinsam* mit deinem Kind Regeln, Strukturen und Routinen zu entwickeln, die für euch alle funktionieren. Zunächst stellen wir einige Prinzipien vor, die du im Alltag mit Kindern mit ADHS im Hinterkopf behalten darfst.

Unsere Grundprinzipien:

+ **1. Verständnis für ADHS entwickeln:** Ein Kind mit ADHS hat andere Herausforderungen als »neurotypische« Kinder (z. B. Zeitblindheit, kurze Aufmerksamkeitsspanne). Durch das Verständnis von ADHS-typischen Verhaltensweisen und -symptomen kannst du Situationen besser deuten und verstehen.
+ **2. Erwartungen anpassen:** Welche Erwartungen hast du an dein Kind und sind diese realistisch oder eher nicht? Tausche dich dazu am besten mit anderen aus.
+ **3. Routinen und Struktur etablieren:** Kinder mit ADHS haben häufig ein großes Bedürfnis nach Struktur und Orientierung. Feste Tagesabläufe oder klare Routinen (Morgenroutine, Hausaufgabenzeit oder Abendroutine etc.) können deinem Kind daher eine große Stütze sein.
+ **4. Vorhersehbarkeit erzeugen:** Kinder mit ADHS fühlen sich oft wohler, wenn sie wissen, was als Nächstes passieren wird. Dabei kann es helfen, den Tagesablauf oder die nächsten Aktivitäten mehrmals vorher anzukündigen.
+ **5. Übergänge erleichtern:** Die Zeit zwischen verschiedenen Aktivitäten kann für Kinder mit ADHS eine große Herausforderung darstellen. Insbesondere wenn der Übergang zu einer unbeliebten Aktivität ansteht (z. B. vom Spielen zu den Hausaufgaben) oder beim Verlassen des Hauses (z. B. für den Weg zur Therapie). Wie du Übergänge gut gestalten kannst und damit die Vorhersehbarkeit erhöhst, erfährst du im weiteren Verlauf dieses Kapitels.

+ **6. Zeit visualisieren:** Um den Tagesablauf besser darzustellen und deinem Kind dadurch Orientierung zu geben, solltest du immer wieder versuchen, Zeit sichtbar zu machen, etwa durch Timer, Uhren oder visuelle Zeitpläne.
+ **7. Flexibilität erlauben:** Klare Strukturen sind wichtig, und gleichzeitig solltest du nicht jede Minute des Tages verplanen. Um die Bedürfnisse von dir und deinem Kind erfüllen zu können, dürft ihr natürlich von Routinen und Struktur abweichen. Ganz so, wie ihr es gerade als Familie braucht.
+ **8. Elterliche Kooperation:** Kinder können sehr gut unterscheiden, bei welchem Elternteil welche Regeln gelten. Idealerweise stimmt ihr euch für bestimmte Routinen dennoch miteinander ab, sodass diese von allen Bezugspersonen akzeptiert und eingehalten werden. Das gilt zum Beispiel für die Hausaufgabenzeit oder die Abendroutine. Dabei kann es aber auch gerne eine Mama-Abendroutine und eine Papa-Abendroutine geben. Ihr müsst nicht beide genau das Gleiche machen. Lediglich die Eckpunkte sollten gleichbleibend und klar fürs Kind erkennbar sein.

Verständnis für ADHS entwickeln und eigene Erwartungen überprüfen

Indem du dieses Buch liest, hast du schon einen großen Schritt getan, um dein Verständnis und deine Erwartungen unter die Lupe zu nehmen. Die folgende Übung unterstützt dich noch einmal ganz gezielt in deiner Reflexion.

Übung
Blick in die Vergangenheit

Du benötigst einen Zettel und einen Stift sowie Ruhe. Denke einmal zurück an die Zeit vor der Geburt deines Kindes und beantworte dann für dich die folgenden Fragen:

+ Wie hast du dir ein Zusammenleben mit deinem Kind vorgestellt? Wie wolltest du damals dein Kind erziehen?
+ Wie hast du dir die Beziehung zu deinem Kind vorgestellt?
+ Welche Erwartungen hattest du damals an dein Kind?

Nimm dir Zeit für diese Übung. Vielleicht kommen auch starke Emotionen hoch, wenn du dich zurückerinnerst. Das ist völlig normal, denn zwischen der Vorstellung und der Realität liegen eben oft Welten.
Lies dir jetzt noch einmal deine Erwartungen durch und überlege, wie dein aktueller Familienalltag aussieht.

+ Was entspricht nicht deinen Erwartungen? Inwiefern?
+ Wie siehst du eure aktuelle Beziehung? Bist du zufrieden? Unzufrieden?
+ Was würdest du dir für die Zukunft anders wünschen?

Wie war die letzte Übung für dich? Anstrengend? Emotional? Oder ganz einfach? Wenn wir diese Übung in der Beratung oder Therapie mit den Eltern machen, dann fließen oft ein paar Tränen. Deswegen mache hier gerne eine kurze Pause, atme tief durch oder tue etwas für dich (z. B. Spazierengehen). Ganz nach dem Motto: Was brauchst du jetzt gerade?

Bevor es dann weitergeht, haben wir noch eine kurze Erläuterung zur vorangegangenen Übung: Hätten wir dich gefragt, welche Erwartungen du *aktuell oder generell* an dein Kind hast, hättest du vielleicht ein oder zwei Sachen gefunden. Und doch wirken unbewusst noch andere Erwartungen nach, die du *vor der Geburt* des Kindes hattest. Genau diese Erwartungen führen dann in der Regel zu Schwierigkeiten. Denn das Leben mit Kindern (ganz gleich ob mit oder ohne ADHS) ist meist anders als erwartet. Wir haben einige typische Erwartungen von Eltern gesammelt.

Typische Erwartungen von Eltern:

+ **Mein Kind räumt selbstständig sein Zimmer auf.** Kinder mit ADHS haben Probleme, eine eigene Struktur oder ein System zu entwickeln. Daher fällt es ihnen schwer, Ordnung zu halten und aufzuräumen. Aufgrund der Zeitblindheit können sie zudem schlecht absehen, wie lange eine Aufgabe braucht. Sie glauben, dass es 100 Millionen Jahre dauert, ihr Zimmer aufzuräumen. Deswegen fängt dein Kind auch nicht an. Versuche dein Kind zu unterstützen, indem du es beim Aufräumen begleitest oder ein System entwickelst.
+ **Ab der weiterführenden Schule kann mein Kind die Hausaufgaben selbstständig machen.** Hausaufgaben in der Schule zu notieren, sich dann zu organisieren und zu strukturieren und zudem die Aufmerksamkeit über eine gewisse Zeitspanne aufrechtzuerhalten, ist ein komplexer Prozess. Es ist daher wahrscheinlich, dass dein Kind durch die ADHS bei den Hausaufgaben etwas länger deine Unterstützung braucht.
+ **Wenn ich meinem Kind sage, dass es die Zähne putzt und danach den Schlafanzug anzieht, schafft es das ohne eine weitere Erinnerung.** Kinder mit ADHS können sich aufgrund der kurzen Aufmerksamkeitsspanne und dem Dopaminmangel im synaptischen Spalt meist nur eine Anweisung auf einmal merken. Auch diese vergessen sie dann schnell durch Ablenkun-

gen wieder. Unterteile daher eine Aufgabe kleinschrittig und nutze visuelle Hilfen zur Erinnerung (z. B. Ablaufpläne).

+ **Mein Kind kann sich selbst beruhigen und die Emotionen regulieren.** Der gesunde Umgang mit Gefühlen ist eine zentrale Entwicklungsaufgabe von Kindern. ADHS geht meist mit einer erhöhten Impulsivität einher. Dein Kind braucht daher wahrscheinlich verstärkt Unterstützung und Regulation durch dich als Elternteil (siehe auch Kapitel 5).

Du siehst: Manche Erwartungen entsprechen nicht unbedingt der Realität – diese Erwartungen darfst du an dein Kind anpassen.

Sinnvolle Routinen und Struktur etablieren

Gute Routinen entlasten die Gehirne aller Familienmitglieder. Denn unser Hirn liebt Routinen – durch diese kann es Energie einsparen, die dann wiederum für andere (anspruchsvolle) Tätigkeiten frei ist. Bei ADHS profitiert dein Kind doppelt von dieser Entlastung, da bei ihm die exekutiven Funktionen (zuständig für die bewusste Steuerung in unserem Gehirn, siehe Kapitel 1) ja ohnehin schon reduziert arbeiten. Ein wenig Geduld braucht es jedoch, wenn Routinen etabliert werden sollen: Laut einer Studie[1] dauert es durchschnittlich 66 Tage, bis sie sich verfestigen und automatisieren. Eine Routine zeigt also ihre volle Wirkung erst, wenn sie über einen längeren Zeitraum regelmäßig ausgeführt wird. Typische Routinen können sein: Morgenroutine, Abendroutine, Hausaufgabenzeit, Spiel- und Spaßzeit, Hobbys und Sport oder Medienzeiten.

Routinen können ganz unterschiedlich sein. Natürlich könntest du auch den kompletten Alltag in verschiedenen Routinen gestalten. Beachte dabei Prinzip 7: Erlaubt euch Flexibilität. Zu viele Routinen engen ein und stehen mitunter der Bedürfniserfüllung aller Familienmitglieder im Weg. Kinder mit ADHS brauchen auch Freiheit, Spontanität und Flexibilität – mitunter fordern sie diese vehement ein. Nimm dir außerdem nicht zu viel vor und fange lieber zunächst mit ein oder zwei Routinen an. Diese könnt ihr dann in Ruhe etablieren, den Effekt beobachten und ggf. anpassen.

Beispiel: Abendroutine

Die Abendroutine ist eine zentrale Routine, um dein Kind von einem aktiven Tag in ein entspanntes Einschlafen zu begleiten. Durch die wiedererkennbaren, allabendlichen Abläufe stellt sich dein Kind schneller darauf ein, dass der Tag jetzt vorbei ist und es Zeit ist, zur Ruhe zu kommen. Unser Gehirn ist darauf trainiert, Muster zu erkennen und in Schubladen zu denken. Wenn also eure Abendroutine beginnt, weiß das Gehirn, dass es jetzt müde werden sollte, und das Schlafhormon Melatonin wird ausgeschüttet. Die Routine kann deinem Kind also auch helfen, überhaupt erst mal müde zu *werden*. Außerdem bietet eure gemeinsame Abendroutine viele Möglichkeiten, die Bindung zum Kind zu festigen. Ganz wichtig: Probiert ohne Druck gemeinsam aus, welche Aktivitäten zu euch passen und wie ihr gut zur Ruhe kommen könnt. Nutze als Inspirationsquelle gerne unsere 5 Tipps für euren Weg zu eurem ganz eigenen Zubettgeh-Ritual.

Tipp 1: Beginnt euer Abendritual bereits mit dem Abendessen: Viele Eltern gehen davon aus, dass ein Abendritual erst mit dem Zähneputzen und Schlafanzuganziehen beginnt, und wundern sich dann, warum ihr Kind zu diesem Zeitpunkt noch sehr aufgedreht ist. Das Kind hatte aber dann noch keine Zeit, sich auf das Einschlafen einzustellen. Am besten beginnt ihr euer neues Abendritual schon mit dem Abendessen. Eine möglichst feste Essenszeit, an die eine bewusste Gestaltung des weiteren Abends anschließt, hilft deinem Kind, sich frühzeitig aufs Schlafen vorzubereiten.

Tipp 2: Gemeinsame positive Zeit einplanen: Die Zeit nach dem Abendessen bis zum Einschlafen ist die Zeit, die du wahrscheinlich besonders gut mit deinem Kind gestalten kannst. Die Hobbys und Schulaufgaben sind erledigt und meistens finden zu dieser Zeit keine sozialen Aktivitäten mehr statt. Hier hast du also die Möglichkeit, den Abend gemeinsam mit deinem Kind ausklingen zu lassen – sei es mit gemeinsamem Lesen, Spielen oder einfach nur Erzählen. Ganz so wie es euch gefällt und in euren Alltag passt. Sich am Ende des Tages noch einmal fünf Minuten Zeit zu nehmen, um über die positiven Erlebnisse des Tages nachzudenken oder zu reden, kann auch helfen, mit einem positiven Gefühl den Tag zu beenden und einzuschlafen. Dies ist insbesondere dann sinnvoll, wenn es den Tag über häufiger zu Streit gekommen ist oder dein Kind viele negative Rückmeldungen erhalten hat. Denn wie meine (Sabrina) Großmutter schon immer sagte: »Egal wie sehr man sich den Tag über gestritten hat, man sollte nie mit Wut und Groll ins Bett gehen, sondern davor den Streit klären und sich entschuldigen, wenn nötig.« (Siehe im Folgenden »GFK-Ritual: Feiern und Bedauern«.)

Tipp 3: Kreativen Ablaufplan zur Strukturierung gestalten: Natürlich gibt es in eurer Abendroutine nicht nur positive gemeinsame Zeit, sondern es gibt auch bestimmte Dinge, die erledigt werden wollen. Sei es zum Beispiel das Packen der Schultasche für den morgigen Tag, ein bisschen Aufräumen, Baden, Zähneputzen und Schlafanzuganziehen. Dies sind immer wiederkehrende Aufgaben, die sich gut in eure Abendroutine integrieren lassen. Sinnvoll ist hier die Einführung eines Ablaufplans, in dem solche Aufgaben aufgelistet und mit kleinen Symbolen dargestellt werden können. Diese Form der Visualisierung unterstützt auch schon jüngere

Kinder auf dem Weg zu mehr Selbstständigkeit und Autonomie. Außerdem ist es eine gute Möglichkeit für dein Kind, Erfolge festzustellen und die eigene Struktur zu finden und einzuüben. Besonders bei ADHS hilft ein Ablaufplan zum Anfassen deinem Kind, keinen Schritt zu vergessen, und gibt ihm oder ihr die Möglichkeit, noch einmal nachzuschauen, was als Nächstes kommt. Zum Markieren könnt ihr beispielsweise eine Wäscheklammer nutzen, die immer weiter auf dem Plan wandert.

Probiere doch auch mal die »Anziehstraße« aus, wo du deinem Kind seine Kleidung in der richtigen Reihenfolge auf den Boden legst. So weiß es genau, was es nacheinander anziehen soll. Du merkst schon: Hier kannst du gerne kreativ werden und die Routine mit deinem Kind gemeinsam gestalten.

Tipp 4: Keine Bildschirm-Medien vor dem Schlafengehen: Für eine gute Schlafhygiene sollten Bildschirm-Medien 1,5 bis 2 Stunden vor dem Schlafengehen ausgeschaltet bleiben. Das blaue Licht

macht nur wieder wach, weil unser Körper dieses blaue Licht für Sonnenlicht hält. Aber auch Spiele und Filme sind für unser Gehirn sehr aktivierend und aufregend. Eine Mediennutzung kurz vor dem Schlafengehen macht es also schwerer, zur Ruhe zu kommen und sich auf den Schlaf einzustellen. Dies ist gerade bei Kindern mit einer Tendenz zur Hyperaktivität wichtig, denn die können durch Medien erneut aufdrehen. Als Alternative könntet ihr vielleicht ein Brettspiel spielen oder ein Buch lesen. Wollt ihr Abwechslung reinbringen, dann lest gerne auch mal mit der Taschenlampe unter der Decke oder erfindet gemeinsam eine Geschichte in einer selbst gebauten Höhle. Sicher bleibt so auch noch Zeit für Kuscheln und über den Tag Reden.

Tipp 5: Raum für Spontanität: Wenn ihr eure eigene Routine geschaffen und auf Herz und Nieren geprüft habt, dann ist es wichtig, diese bewusst in euren Alltag einzubauen. Natürlich ist es völlig klar, dass es immer mal wieder Situationen geben kann, wo ihr diese Abendroutine nicht einhalten könnt. Es kommen vielleicht Freundinnen oder Freunde über Nacht zu Besuch oder ihr seid gemeinsam auf einem Fest oder im Urlaub. In den Ferien oder zu besonderen Anlässen könnt ihr auch mal eine Ausnahme machen. Wichtig ist nur, dass es vielleicht ein paar bekannte Elemente gibt und der Abend für euch möglichst entspannt verläuft. Denn Stress macht wieder wach. Solltest du bei dir selbst bemerken, dass du in eine Spirale aus Zeitdruck, Stress und somit (alten) Mustern wie Schimpfen, Drohen etc. gerätst, dann drücke bewusst die imaginäre »Pause-Taste«. Verlasse, wenn möglich, für einen kurzen Moment die Situation. Dann kannst du dich selbst wieder regulieren und in eine Verfassung bringen, in der du das Abendritual ruhig(er) fortführen kannst. Sollte eine andere erwachsene Person in der Nähe sein, dann gib am besten an diese ab. Solche Dinge besprecht ihr als Eltern bestenfalls vorher miteinander.

GFK-Ritual
Feiern und Bedauern

Ein Ritual, das wunderbar zum Abschluss des Tages passt, ist das »Feiern und Bedauern«. Es ist eine Form der Reflexion des Tages bzw. ein Aufarbeiten offener Themen und schafft Verbindung. Ob ihr mit dem Feiern oder mit dem Bedauern beginnt, ist euch überlassen. Anfangs beginnt am besten die erwachsene Person, damit das Kind am Beispiel lernen kann.

Feiern: »Ich feiere ... [schönes, kraftspendendes, erfüllendes Erlebnis], weil ich da ... [Bedürfnis].« Ein Beispiel:
»Ich feiere, dass wir heute zusammen auf dem Spielplatz waren, weil wir da so viel Spaß hatten.«

Bedauern: »Ich bedaure, [Situation, die nicht so gelaufen ist wie erhofft/Dinge, über die wir uns geärgert haben], weil mir [Bedürfnis] wichtig ist/da habe ich [Bedürfnis] vermisst.«
»Ich bedaure, dass wir heute gestritten und uns dann angeschwiegen haben, weil mir Nähe und Verständnis wichtig sind.«

Weder dein Kind noch du müssen dazu in reiner Bedürfnissprache reden. Manchmal kann es jedoch sehr verbindend sein, das Bedürfnis noch mal zu benennen oder zu erfragen. Beispielsweise so: »Was hat dir daran so gut gefallen?« Oder: »Und da hattest du das Gefühl, das hat dir gutgetan?«

Du kannst auch zwei Seiten einer Medaille beleuchten:

»Ich bedauere, dass ich heute in der Mittagspause eingeschlafen bin, statt mit dir zu spielen. Da habe ich Spiel und Spaß vermisst. Gleichzeitig feiere ich, dass ich nun neue Energie habe und dir jetzt vorlesen kann.«

Entspannter durch die Hausaufgabenzeit

Hausaufgaben oder zu Hause Lernen sind wahrscheinlich die unbeliebtesten Aufgaben des Tages. Kinder empfinden sie oftmals als langweilig und anstrengend, zudem sind hier wieder die exekutiven Funktionen gefragt. Manchmal gibt es die Möglichkeit, diese unliebsamen Aufgaben auf die Hausaufgabenbetreuung in der Schule zu verschieben. Unsere Erfahrung ist allerdings, dass dort meistens nicht alle Aufgaben geschafft werden oder schlimmstenfalls dein Kind sogar gar nicht arbeitet. Dann wird es doppelt frustrierend, weil die Aufgaben noch nach einem ohnehin schon langen Tag gemacht werden müssen oder gar die Lehrkräfte verlangen, dass am Wochenende nachgearbeitet wird.

Eine gute Möglichkeit, um die Hausaufgaben- und Lernzeit zu Hause mit etwas mehr Freude und Leichtigkeit zu gestalten, kann auch hier eine Routine sein, beispielsweise, um den Einstieg zu erleichtern. Das kann ein aktivierendes Lied sein, mit dem es tanzend an den Tisch geht, oder ein kurzes Bewegungslernspiel (z. B. einen Luftballon hin- und herwerfen und dabei Fragen stellen). Wichtig ist, dass das Kind zunächst einmal über die Schwelle des Anfangens getragen wird. Der Rest geht dann meist schon ein wenig leichter von der Hand.

Doch auch hier gilt: Gut geplant ist halb gemacht. Setz dich also am besten die ersten fünf Minuten mit deinem Kind an einen Tisch und überlegt gemeinsam, mit welcher Aufgabe angefangen werden soll. Es kommen dann zunächst auch nur die Materialien auf den Tisch, die dafür benötigt werden. Alles andere bleibt in der Tasche, damit dein Kind nicht unnötig abgelenkt wird. Dann besprecht ihr, wie viel Zeit dein Kind glaubt für diese Aufgabe zu brauchen. Stellt nun einen Wecker oder Timer für die angegebene Zeit. Wir empfehlen, zunächst höchstens 15- bis 20-Minuten-Intervalle zu machen. Nach dieser Zeit solltet ihr eine kurze Bewegungspause einplanen: Musik hören, um den Tisch rennen,

Trampolin springen oder was immer euch einfällt. Durch die Bewegung tankt dein Kind wieder Energie und Dopamin und kann dann weiter an den Aufgaben arbeiten.

Übrigens: Sei flexibel bei der Auswahl des Platzes, an dem dein Kind seine Aufgaben erledigt. Birthes Kinder lieben es zum Beispiel, bäuchlings auf dem Boden zu liegen und zwischendrin den Hund zu kraulen. Hier gilt: Was hilft, darf bleiben.

Übergänge gut gestalten und Vorhersehbarkeit erhöhen

Kinder mit ADHS haben häufig Schwierigkeiten, sich auf neue Situationen einzustellen und Situations- oder Aufgabenwechsel gut zu gestalten. In der Therapie und Beratung berichten viele Eltern, dass es gerade dann zu Konflikten und Streit kommt. Wenn dein Kind auch schlecht einschätzen kann, wie lange etwas dauert, dann unterstütze es wie folgt: Kündige die Zeit bis zu einem bestimmten Ereignis frühzeitig und mehrfach an und mache diese sichtbar – durch einen Timer oder Ähnliches. Kinder mit ADHS können zudem sehr stark ins Spiel oder in bestimmte Aufgaben versinken (Hyperfokus) und sind dann nicht mehr ansprechbar oder nehmen Ansprache nicht wahr. Wenn du also einen Übergang ankündigst, solltest du sichergehen, dass dein Kind dies auch mitbekommt. Verwende dazu am besten die folgenden Schritte:

+ **Schritt 1:** Gehe in denselben Raum wie dein Kind. Aus der Küche ins Wohnzimmer oder Kinderzimmer rufen führt selten zum Erfolg.
+ **Schritt 2:** Stelle Blickkontakt her, beuge dich ggf. auch zu deinem Kind herunter, wenn es am Boden spielt, oder setze dich zu ihm.
+ **Schritt 3:** Körperkontakt herstellen, zum Beispiel über Berüh-

rung an der Schulter, um die volle Aufmerksamkeit zu bekommen.

+ **Schritt 4:** Verständnis erfragen (»Was habe ich gerade gesagt?«) und Zeit sichtbar machen.

Egal was du machst, gib deinem Kind die Zeit, das Spiel zu beenden, und plane lieber einen Puffer ein, sodass beim Anziehen der Schuhe usw. kein Zeitdruck entsteht. So reduzierst du den Stress auf deiner Seite und kannst gelassener mit Verzögerungen umgehen. Denn sobald du als Elternteil gestresst bist, wird sich dieser Stress auf dein Kind übertragen. Du kannst außerdem gut die »natürlichen« Spielpausen abwarten und als Übergang nutzen, etwa den Abschluss der Runde eines Computerspiels oder das Ende einer Serienfolge oder wenn dein Kind gerade selbst von einem Spiel in ein anderes wechseln will. Manchmal kann es bei jüngeren Kindern auch helfen, Übergangsobjekte einzubauen. Wenn dein Kind zum Beispiel gerade mit Puppen spielt, dann kannst du es dazu ermutigen, eine Puppe zum Termin mitzunehmen. Der Termin kann dann sogar Teil des Spiels werden, indem die Puppe einen Ausflug macht und vielleicht beim Arzt auch eine Spritze bekommt.

Routinen und Struktur entwickeln und kommunizieren

Nachdem wir dir im vorhergehenden Kapitel sehr konkrete Prinzipien und Vorschläge für Routinen gegeben haben, folgt hier noch die Einordnung in die Haltung der Gewaltfreien Kommunikation. GFK setzt auf Freiwilligkeit – doch was tun, wenn dein Kind nicht bereit ist, sich an Routinen, Regeln und Strukturen zu halten? Hier gilt es zwei Seiten zu betrachten: Einerseits die deines Kindes. Warum fällt es ihm schwer, die Regel einzuhalten? Was braucht es vielleicht noch, um kooperieren zu können? Und andererseits die Elternseite. Wie reagierst du, wenn dein Kind eine Regel bricht oder nicht das tut, was du gerne von ihm möchtest?

Mit einem wie auch immer gearteten »Nein« eines Kindes umzugehen, ist eine echte Herausforderung. Erst recht für eine Generation, die noch überwiegend mit der Erfahrung aufgewachsen ist, dass Erwachsene über den Kindern stehen. Vielleicht kennst du ja auch den Spruch: »Wenn der Keks spricht, dann hat der Krümel zu schweigen …« Mit der GFK streben wir jedoch eine *Gleichwürdigkeit* von Kindern und Erwachsenen an. Uns ist also wichtig, was das Kind fühlt und braucht, und wir übergehen das nicht einfach, nur weil wir als Erwachsene am längeren Hebel sitzen. Bevor wir auf die elterliche Macht zu sprechen kommen (die wir zweifelsohne haben), noch eine wichtige Ergänzung: Wir schreiben bewusst von Gleichwürdigkeit und nicht von *Gleichberechtigung*. Kinder sind zwar kompetent und können über viele Bereiche in ihrem Leben schon früh (mit)bestimmen, doch es fehlt ihnen an Erfahrung.[2] Erwachsene haben den Kindern einiges an Lebenserfahrung voraus und können beispielsweise Gefahren viel besser einschätzen. Hanna Brodersen schreibt in ihrem GFK-Ratgeber für Eltern dazu Folgendes: »Für mich heißt mit Kindern in Beziehung zu sein, sie zu unterstützen, indem wir unsere eigene Lebenserfahrung zur Verfügung stellen – um zu schützen und Orientierung zu bieten.«[3]

Dem stimmen wir uneingeschränkt zu – womit wir beim Thema »elterliche Macht« angelangt sind. Menschen kommen als Frühgeborene zur Welt – sie sind viele Jahre lang darauf angewiesen, dass sich ihre Eltern um sie kümmern. Sonst würden sie nicht überleben. Eltern haben also viel *Macht*. Wir könnten hier auch von *Verantwortung* sprechen, was ebenso wahr ist. Doch für den Moment bitten wir dich, dieses Wort, die Macht, ganz bewusst auf dich wirken zu lassen. Aus eigener Erfahrung wissen wir: Viele Eltern scheuen sich heute, diese Machtposition wirklich auszufüllen. Was dann passiert: Das Kind nutzt das Vakuum –

was in den häufigsten Fällen zu Überforderung führt (die sich z. B. auch in Wutanfällen äußern kann). Es ist aus unserer Sicht also unerlässlich, dass du dir 1. deiner Macht bewusst bist oder wirst und 2. diese möglichst gewaltfrei einsetzt. In der Gewaltfreien Kommunikation gibt es dafür die Schlüsselunterscheidung zwischen »*Macht über*« und »*Macht mit*«:

+ **Macht über (gewaltvoll):** Die Bedürfnisse der erwachsenen Personen wiegen schwerer als die der Kinder. Diese Form der Macht ist auf allen Seiten von Angst geprägt: Die Angst der Kinder vor angedrohten Strafen oder ausbleibenden Belohnungen. Und die Angst der Erwachsenen, dass durch das Eingehen auf das Kind die eigene Macht geschmälert wird. Ziel ist es, das Kind dazu zu bekommen, das zu tun oder zu sagen, was der oder die Erwachsene in diesem Moment will. Die mächtigere Person erfüllt sich ihre Bedürfnisse ohne Rücksicht auf die Bedürfnisse der schwächeren Person.
+ **Macht mit (gewaltfrei):** Alle Bedürfnisse sind wichtig. Die erwachsene Person nutzt ihre Macht, indem sie ihre Ressourcen (wie Wissen, Kraft, Geld) dazu einsetzt, eine Lösung zu finden, die für alle Beteiligten passt. Diese Form der Macht ist geprägt von Vertrauen und gegenseitigem Verständnis. Am Ende wird sich ein Weg finden.[4]

Was heißt das jetzt für dich und eure Regeln, Routinen und Strukturen? Die GFK-Trainerin und Moderatorin Kathy Weber handhabt es wie folgt: »Das WAS entscheiden [dabei] mein Mann Meik und ich als Eltern, das WIE können die Kinder entsprechend ihres Alter mitentscheiden.«[5] Werde dir also klar darüber, warum dir bestimmte Dinge wichtig sind. Welche Bedürfnisse sind da beteiligt? Welche Werte willst du schützen oder weitervermitteln? Und dann schaue auch die andere Seite an bzw. nimm sie mit ins Zwiegespräch: Was ist meinem Kind wichtig? Welche Befürchtungen hat es? Welche Bedürfnisse von ihm sind da im Spiel? Wenn alles auf dem Tisch liegt, dann könnt ihr damit beginnen, gemeinsam nach Lösungen zu suchen und diese immer wieder an eure Bedürfnisse anzupassen.

Der Vollständigkeit halber sei hier gesagt, dass es noch eine dritte Form von Macht gibt: die »*beschützende Macht*«. Vereinfacht gesagt kommt sie immer dann zum Einsatz, wenn direkte Gefahr in Verzug ist (dein Kind rennt auf die viel befahrene Straße und du packst es am Arm) oder Reden nicht mehr möglich ist (dein Kind bekommt im Supermarkt einen heftigen Wutanfall und du willst es und dich selbst vor den immer übergriffigeren Bemerkungen der anderen Menschen schützen, indem du es nach draußen trägst). Beides sind laut GFK streng genommen Formen von Gewalt. Doch bevor du dir jetzt Vorwürfe machst: Einerseits lassen sich solche Situationen nie gänzlich vermeiden – natürlich gilt es, Leib und Leben zu schützen. Und zudem ist entscheidend, wie du im Nachgang damit umgehst. Beschämst du dein Kind oder verhängst Konsequenzen (ab sofort darf es überall nur an deiner Hand hin oder die Lieblingsserie am Abend ist gestrichen), dann übst du damit *Macht über* dein Kind aus. Lässt du es danach gut sein bzw. besprichst gemeinsam mit dem Kind die Gefühle und Bedürfnisse von beiden in der jeweiligen Situation und suchst nach Strategien fürs nächste Mal, dann ist das wieder *Macht mit* und absolut im Einklang mit der Gewaltfreien Kommunikation.

Welchen Einfluss hat das Umfeld?

Du erinnerst dich vielleicht noch: Um eine ADHS-Diagnose stellen zu können, müssen die Symptome in mindestens zwei verschiedenen Kontexten auftreten. Denn unser Verhalten wird immer durch Umgebung, Umfeld oder die Situation beeinflusst. So reagieren Kinder häufig zu Hause anders als unterwegs, in der Kita oder Schule oder in einer anderen fremden Umgebung. Auch als Therapeutin erlebe ich (Sabrina) häufig gar nicht das gesamte Ausmaß der Symptomatik. Der Rahmen in der Therapie ist ein anderer, und die Kinder verhalten sich hier in der Regel angepasster. Uns ist bewusst, dass es in manchen Situationen eine echte Herausforderung sein kann, in einer wertschätzenden und gewaltfreien Haltung dem Kind gegenüber zu bleiben und ggf. in der Therapie Eingeübtes oder hier Gelesenes umzusetzen. Denn plötzlich schauen alle Augen auf dich – das kann ganz schön viel Druck und Scham erzeugen. Und gleichzeitig ist es umso wichtiger, sich Strategien anzueignen, mit denen dir genau das immer öfter gelingt. Die Frage, die dich dabei unterstützen kann, lautet: Um welches Bedürfnis könnte es meinem Kind gerade gehen? Was ist der gute Grund für sein Verhalten? Mehr dazu, wie du in Situationen mit deinem Kind, die dir unangenehm sind, reagieren kannst, liest du in Kapitel 7 unter Frage 8.

Auf der anderen Seite ist es umso wichtiger, dass die einzelnen Bezugspersonen des Kindes, also Eltern, Großeltern, Lehrer:innen, Erzieher:innen und therapeutische Fachkräfte oder andere Unterstützer:innen, möglichst gut zusammenarbeiten und offen und gleichzeitig wertschätzend miteinander kommunizieren. So kann Missverständnissen vorgebeugt und ein Loyalitätskonflikt der Kinder vermieden werden. Denn Kinder sind in den meisten Fällen den Eltern loyal gegenüber. Wenn also beispielsweise Konflikte zwischen den Eltern und Lehrkräften bestehen und das Kind diese mitbekommt – und ja, Kinder bekommen so etwas fast immer mit –, dann wird das Kind sich loyal gegenüber den Eltern zeigen. Es kann dann nicht mehr uneingeschränkt positiv auf seine Lehrkraft reagieren und mit ihr interagieren, da die Eltern diese ablehnen. Das kann die vielen Probleme, die der Schulalltag für Kinder mit ADHS sowieso schon mit sich bringen kann, noch verstärken.

Förderung von Anfang an

Dein Kind besucht zurzeit eine Kita und es gibt noch gar keine (endgültige) Diagnose? Da du dieses Buch zur Hand genommen hast, ahnst du allerdings offenbar bereits, dass dein Kind mit seiner Verträumtheit und/oder Impulsivität andere Bedürfnisse hat als andere Kinder in dem Alter. Vielleicht haben dich auch die pädagogischen Fachkräfte auf herausforderndes oder gar »störendes« Verhalten angesprochen und Ergotherapie oder eine Diagnostik angeregt. Ganz gleich, was an Rückmeldungen von Erzieher:innen auch kommen mag: Versuche dich so gut es geht an die Grundsätze der Gewaltfreien Kommunikation zu halten und zunächst möglichst vorbehaltlos und wohlwollend zuzuhören. Höre auf die möglichen Bedürfnisse hinter den Urteilen oder der Kritik und gehe zunächst davon aus, dass ihr alle, Erzieher:innen und Eltern, das Beste fürs Kind wollt.

Sinnvoll kann hier ein offenes Gespräch über die typischen Verhaltensweisen und besonderen Herausforderungen deines Kindes sein – möglichst dann, wenn alle Seiten ruhig und aufnahmebereit sind. Also lieber einen Termin vereinbaren, als sich beim Abholen zwischen Tür und Angel in ein Pingpong aus gegenseitigen Vorwürfen oder Verteidigungen zu verstricken. Denn nur wenn die Basis, also die Gesprächsatmosphäre stimmt, könnt ihr gemeinsam Wege überlegen, wie die Kita-Fachkräfte in ihrem Alltag damit umgehen können und wie du ggf. unterstützen kannst. Beispielsweise sollten Kinder mit ADHS wegen ihres erhöhten Bewegungsdrangs jeden Tag die Möglichkeit haben, im Freien oder in einer Bewegungshalle zu spielen. Zudem kann es sein, dass dein Kind mit ADHS im Kindergartenalter weniger Motivation für kleinteilige Bastelarbeiten hat. Wichtig ist dann, dass mit den Erzieherinnen oder Erziehern besprochen wird, wie sie dein Kind unterstützen und wie sie bei Ablehnung oder Verweigerung reagieren können.

Zudem kommt es häufig zu Konflikten mit den Kita-Fachkräften, da Kinder mit ADHS öfter als andere Aufgaben oder Regeln vergessen. Das liegt an der kurzen Aufmerksamkeitsspanne dieser Kinder – oft haben sie auch Schwierigkeiten mit dem offenen Konzept, das in vielen Kitas mittlerweile die Gruppenstruktur ersetzt. Dann benötigen sie vielleicht anderweitig Orientierung, um entspannter durch den anstrengenden Kita-Alltag zu kommen. Hilfreich ist eine Struktur, die gleichermaßen Bewegungseinheiten und Ruhezeiten enthält. Hier können beispielsweise Ablaufpläne (für den Tag und die Woche) zum Einsatz kommen. Besondere Aktivitäten im Kindergarten, wie der Besuch des Nikolaus oder eine Aufführung, sollten frühzeitig angekündigt und der Übergang bewusst gestaltet werden. All das wissen pädagogische Fachkräfte meist ohnehin – es kann dennoch helfen, dies noch einmal gemeinsam zu erarbeiten und festzuhalten.

ADHS in der Schule ansprechen

Sollte dein Kind bereits in der Schule sein, hast du vielleicht schon Erfahrung mit Notizen im Mitteilungsheft oder unangenehmen Rückmeldungen bei Elternsprechtagen gemacht. Vielleicht hat dein Kind auch schon zu Hause klar und deutlich geäußert, was es von der Schule hält – nämlich wenig bis gar nichts. Die Einschulung ist für Familien, in denen ADHS ein Thema ist, in den allermeisten Fällen ein sensibler Zeitpunkt und kann sogar in ein regelrechtes »Schultrauma« fürs Kind münden. Obwohl es sich vielleicht vorher sogar sehr darauf gefreut hat, nun ein Schulkind zu sein. Viele neue Anforderungen strömen auf es ein – da treten manche Symptome erst zutage, die in der Kita noch unentdeckt geblieben sind oder mit denen gut umgegangen werden konnte. Oftmals ist dies auch der Zeitpunkt, zu dem eine Diagnostik begonnen wird.

Solltet ihr bereits eine ADHS-Diagnose haben, dann möchten wir dir dazu raten, in der Schule mit offenen Karten zu spielen. Wir wissen, dass viele Eltern dies vermeiden, da sie Sorge vor Diskriminierung oder Schubladendenken der Lehrer:innen haben. Die Kehrseite der Medaille ist, dass dieses Kind meist nicht ausreichend unterstützt werden kann, wenn die Lehrkräfte nicht Bescheid wissen. Es kann allerdings sein, dass du zunächst noch ein wenig »Aufklärungsarbeit« in Sachen ADHS leisten musst. Denn leider bereitet das Lehramtsstudium offenbar noch unzureichend auf den Umgang mit dieser Besonderheit vor bzw. nicht alle Studierenden nutzen die angebotenen Fortbildungen. Wir wissen, dass dies frustrierend sein kann für dich als Elternteil. Gleichzeitig laden wir dich zum Perspektivwechsel ein: Denn dies kann auch eine Chance sein, gemeinsam eine Lösung zu finden und eigene, kreative Ideen zu entwickeln. Dazu braucht es Offenheit auf beiden Seiten. Mache hier doch den ersten Schritt und gehe davon aus, dass diese Menschen Lehrer:innen geworden sind, um Kinder zu unterstützen und zu fördern. Finde heraus, was sie brauchen und wie ihr euch gegenseitig unterstützen könnt.

Egal, um welches Thema es auch geht – und ganz gleich ob in Kita oder Schule: Versuche, offen für die Ideen deiner Gesprächspartner:innen zu bleiben – dies gelingt am besten, wenn du dir immer wieder die dahinterliegenden Bedürfnisse ins Gedächtnis rufst. Sollten bei dir durch das Gesagte unangenehme Gefühle auftauchen, versuche ganz bei dir zu bleiben und deine Urteile in klare Ich-Botschaften zu verwandeln. Denn es geht in diesem Moment ja nicht um Macht, sondern um die beste Lösung für alle Beteiligten. Weitere Impulse für den Umgang mit kniffligen Situationen (unterwegs und zu Hause) findest du in Kapitel 7. Schaue zudem gerne in unseren Download-Bereich am Ende des Buches. Dort haben wir Tipps zur Förderung von Kindern mit ADHS in der Schule zusammengestellt. Diese kannst du ggf. auch Lehrkräften an die Hand geben.

Kapitel 5
Das Kind durch die starken Gefühle begleiten

Was das Thema Gefühle angeht, kennen ADHSler:innen oftmals nur Schwarz und Weiß. Sie lassen die vielen Graustufen und Nuancen dazwischen einfach aus. Dies ist allerdings keine bewusste und freiwillige Entscheidung. Ganz im Gegenteil, ein Leben mit Gefühlen, die ständig ins eine oder andere Extrem überschießen, empfinden Kinder und Erwachsene mit ADHS in der Regel selbst als sehr anstrengend. Es geht also darum, einen gesunden Umgang mit den teils sehr starken Gefühlen zu finden, um sich von diesen nicht so sehr überschwemmen zu lassen. Dies ist durchaus ein Balanceakt: Denn es geht hier ja weder darum, die Gefühle komplett zu unterdrücken, noch diese ungefiltert auszuagieren. Zwei wichtige Stichworte sind hier »Selbstregulation« und »Co-Regulation«.

Selbstregulation immer vor Co-Regulation

Sicher kennst du das auch: Dein Kind wütet – und du wütest gleich mit (was die vielfältigsten Gründe haben kann). In diesem Zustand wirst du deinem Kind allerdings keine Unterstützung sein können. Denn es hilft wirklich niemandem weiter, wenn du es nun laut anfährst, es soll sich doch endlich wieder beruhigen. So weit, so logisch. Die wichtige Fähigkeit, die du brauchst, ist also die zur **Selbstregulation**.

Diese beinhaltet – vereinfacht gesagt – einen guten Kontakt zu den eigenen Gefühlen (sie körperlich wahrzunehmen und benennen zu können) sowie den dahinterliegenden (unerfüllten) Bedürfnissen und natürlich auch den Stressoren und weiteren Auslösern für die Gefühle. Exemplarisch für die Wut geben wir dir im Folgenden noch konkrete Strategien zur Selbstregulation an die Hand.
So bist du gewappnet für die **Co-Regulation**, die im Miteinander mit deinem Kind stattfindet. Es geht darum, es wieder aus seiner Übererregung zu holen und somit zurück in emotional stabilere Fahrwasser zu geleiten. Dies geschieht durch Einfühlung und Präsenz. Das Kind erlebt sich so bestenfalls als selbstwirksam, da es nicht *durch* den Erwachsenen gesteuert wird, sondern dieser es lediglich dabei unterstützt, sich selbst wieder zu steuern.[1]

Egal wie unangenehm oder herausfordernd wir ein Gefühl auch empfinden mögen, jedes hat eine wichtige Aufgabe. Vielleicht hilft dir das folgende Bild: Gefühle sind wie Besucher. Wenn sie an unsere Tür klopfen, haben sie immer eine Botschaft für uns dabei. Dann ist es klug, sich einen Moment Zeit zu nehmen, um diese Botschaft anzuhören. Meist zieht der Besucher, also das Gefühl, dann auch weiter – allerdings nur, wenn es auch gehört wurde und Raum bekommen hat. Genau diesen Ansatz verfolgen wir, wenn wir dir nun für vier Gefühle, die in eurem Alltag vermutlich sehr präsent sind, Impulse geben. Wir beschreiben zunächst, welche Botschaft dieses Gefühl im Gepäck hat, geben Tipps, wie du es begleiten kannst (mit Formulierungshilfen), und nennen Kriterien, bei denen du ggf. Fachleute wie Therapeuten oder Therapeutinnen einschalten solltest. Übrigens: Schaue doch bei all dem am besten gleich mal bei dir selbst, wie du mit dem jeweiligen Gefühl umgehst. Wann wird es bei dir ausgelöst? Wie macht es sich bemerkbar? Was sind deine Strategien im Umgang damit? Denn es wird dir deutlich leichter fallen, die Gefühle deines Kindes gut zu begleiten, wenn du zunächst dich selbst gut in deinen eigenen Gefühlen begleiten kannst (siehe Selbstregulation und Co-Regulation).

Das funktioniert mit allen Gefühlen

Mache dir bewusst, dass Gefühle kommen und gehen. Du kannst dies für dich selbst und dein Kind deutlich machen, indem du eine Kleinigkeit in der Formulierung änderst. Versuche doch mal, statt: »Ich bin wütend./Du bist wütend.« zu sagen: »Ich habe gerade Wut./Du hast gerade Wut.« So identifiziert ihr euch nicht mit diesem Gefühl (»Du bist ein wütendes Kind.«), sondern könnt es auch wieder loslassen.

Probiert unterstützend dazu doch gerne auch mal Folgendes aus:
Schritt 1: Benennt das Gefühl – zum Beispiel: Ich habe Wut.
Schritt 2: Befragt das Gefühl, was es möchte.
Schritt 3: Atmet bewusst und tief ein und aus (mit Betonung auf der Ausatmung, das aktiviert den Parasympathikus, den »Ruhe-Nerv« im Gehirn, und führt so zu Entspannung).
Schritt 4: Stellt euch vor, wie das Gefühl durch euch hindurch auf den Boden und somit aus euch hinausfließt.

Wut – wenn dein Kind rotsieht

Für Eltern ist Wut gleich doppelt herausfordernd. Auf der einen Seite ist da die Wut ihrer Kinder, die sie möglichst zugewandt begleiten wollen. Auf der anderen Seite stehen sie selbst – mit all ihren (unterdrückten) Gefühlen und zurückgestellten Bedürfnissen. So kann es zu Situationen kommen, die sich anfühlen, als stünden sich gleich zwei wütende Kinder gegenüber (statt eines Kindes und einer erwachsenen Person). Daher nähern wir uns der Wut von verschiedenen Seiten: 1. Woher kommt das Gefühl und welche Botschaft hat es im Gepäck? 2. Warum werden wir selbst wütend, wenn unser Kind bzw. die oder der Jugendliche einen Wutausbruch hat? 3. Welche Möglichkeiten zur Selbstregulation gibt es bei eigener Wut? 4. Wie kannst du dein Kind gut begleiten? 5. Wann ist professionelle Unterstützung sinnvoll?

Wut ist unsere Motorleuchte

»Halt, stopp! Sofort rechts ranfahren und nachschauen, was da nicht stimmt!«, das würde die Wut womöglich sagen – wenn sie denn sprechen könnte. Oder vielleicht auch eher: Wenn wir ihr mal zuhören würden. Denn die meisten Menschen, die heute Eltern sind, haben gelernt, ihre Wut zu unterdrücken. Wut ist ein Gefühl, das sich »nicht gehört« – ganz besonders nicht für weiblich sozialisierte Menschen. Diese haben oftmals sogar gesagt bekommen, Wut mache sie hässlich. Und ja, Wut ist eine Emotion, die sich anfühlen kann wie ein Vulkanausbruch – besonders bei Kindern und Jugendlichen mit ADHS. Dann gehen vielleicht Gegenstände zu Bruch, Türen knallen, Fäuste werden geballt und wütende Tiraden auf die umstehenden Personen abgefeuert. Die Wut ungebremst auszuleben, ist in den meisten Fällen keine Option, weil dadurch andere Menschen oder Gegenstände in Gefahr geraten – und mitunter auch die wütende Person selbst. Die Wut zu unterdrücken, ist ebenso keine Option. Denn die Wut ist so etwas wie eine gute Freundin: Sie weist klar darauf hin, dass etwas nicht stimmt. Eine Grenze überschritten wurde. Bestimmte Werte verletzt sind oder Bedürfnisse nicht gesehen werden. Es gilt also, einen gesunden Umgang mit der Wut zu finden.

Die Wut hat es mitunter schwer

Die Erfahrung, dass Wut unerwünscht ist, machen auch heute noch viele Kinder – spätestens in der Kita oder der Schule. Dort schaffen sie es in aller Regel auch, sich anzupassen – oder anders gesagt, die Gefühle für eine Weile zu unterdrücken und ihre Bedürfnisse aufzuschieben. Oftmals fallen Kinder mit ADHS allerdings hier bereits auf, weil sie auf deutlich mehr Situationen mit heftigen Gefühlen reagieren und sie sich meist nicht so gut oder bisweilen gar nicht selbst regulieren können.

Ich (Birthe) weiß noch genau, wie mein damals dreijähriges Kind mit rotem Gesicht, springenden Tränen und geballten Fäusten vor mir stand. Schreiend und völlig außer sich, als ich es aus der Kita abholte. Die Erzieherin versicherte mir, dass unser Kind den ganzen Tag über der absolute Sonnenschein gewesen sei. Sie nickte mir aufmunternd zu und sagte: »Sehen Sie es mal so: Das ist das schönste Kompliment, das Ihr Kind Ihnen machen kann. Bei Ihnen kann sie alles rauslassen, was sich über den Tag angestaut hat.« Inzwischen begreife ich immer mehr, was die Erzieherin mir damals damit sagen wollte, und bin dankbar, dass die Gefühle ans Licht durften.

Was die Wut so unbeliebt macht, ist, dass sie ein »heißes« Gefühl ist, energiegeladen und mit viel Drang nach vorne. Wenn die Wut sich erst einmal ihren Weg gebahnt hat, dann kann es herausfordernd sein, die Handlungsimpulse noch zu stoppen. Typische Handlungsimpulse sind neben Schimpfen und Schreien alles, was die Bedrohung abwehrt: auf das Gegenüber losgehen (sei es mit Worten oder durch Schubsen, Schlagen, Beißen) oder (meist lautstark) den Rückzug antreten (Türen knallen, stampfen etc.). Ersatzweise müssen oft auch Gegenstände dran glauben, die dann im hohen Bogen durch die Luft fliegen oder zerstört werden. Hier ist der alte Teil unseres Gehirns im Spiel, der in diesem Moment nur drei Modi kennt: Kämpfen, Erstarren oder Flüchten.

Die Wut kommen sehen

Ein wichtiger Schritt auf dem Weg zum gesunden Umgang mit Wut ist es, sie rechtzeitig kommen zu sehen. Dabei helfen einerseits die Gedanken. Wer wütend ist, erlebt eine Grenzverletzung, fühlt sich nicht gesehen oder auch überfordert. Typische Gedanken wären hier: Es reicht! Bis hierhin und nicht weiter! Das ist unfair! etc. Achte bei dir selbst doch mal darauf – und versuche, dich dafür zu sensibilisieren, wann dein Kind solche Dinge direkt oder auch indirekt äußert. Ein weiterer Helfer sind die Körperreaktionen. Typisch für Wut sind ein rotes Gesicht, Anspannung im Gesicht sowie eine schnellere Atmung, geballte Fäuste und eine lauter werdende Stimme. Andere werden ganz still, wenn die Wut kommt, und »implodieren« eher.[2]

Natürlich lässt sich nicht jede Wut-Situation bereits vorher erahnen. Einige kannst du jedoch von vornherein entschärfen. Zudem kannst du gemeinsam mit deinem Kind forschen, ob es **typische Auslöser** für die Wut gibt. Wir listen dir hier einige auf:

+ Überschreiten von persönlichen Grenzen
+ körperlicher oder verbaler Angriff
+ Behauptung, die nicht stimmt bzw. abgestritten wird
+ Druck oder Zwang, der in diesem Moment ausgeübt wird
+ ein Wunsch geht nicht in Erfüllung
+ etwas gelingt nicht
+ etwas wird als ungerecht empfunden

Hinter Wut können sich andere Gefühle und Gedanken verstecken

Wut ist in vielerlei Hinsicht ein besonderes Gefühl. Denn hinter ihr können sich auch noch andere Gefühle verstecken wie Angst, Aufregung, Traurigkeit oder auch Scham. Es lohnt sich, den eigenen Gefühlswortschatz zu erweitern und dann gemeinsam mit dem Kind zu trainieren. Denn je klarer ein Gefühl benannt werden kann, desto leichter fällt auch der Weg zum Bedürfnis, auf das es hinweisen will.

Zudem lässt sich Wut immer wieder neu befeuern durch unsere Gedanken. Meist sind dies Gedanken, in denen es darum geht, dass eine bestimmte Person etwas (nicht) hätte tun sollen oder eine Situation unfair ist. Diese Gedanken lassen sich beeinflussen (siehe Kapitel 2 und 3) und dadurch auch die Gefühle.

Ist Wut ansteckend?

Es scheint fast so, als sei Wut ansteckend. Dafür möchten wir dir zwei Erklärungsansätze nennen. Der erste sind unsere Spiegelneuronen. Vereinfacht gesagt sorgen diese Nervenzellen dafür, dass wir mit denen »mitschwingen«, die in unserer unmittelbaren Nähe sind und die uns etwas bedeuten. Das kann tatsächlich zu einer Art »emotionalen Ansteckung« führen, ganz gleich bei welchem Gefühl. In der Psychotherapie heißt dieses Phänomen übrigens »Übertragung«. Ein zweiter Ansatz liegt in unserer eigenen Kindheit und den dort gemachten Erfahrungen. Die wenigsten haben einen gesunden Umgang mit Wut gelernt – und so stehen sie in den Momenten, wo ihr Kind wütet, unter enormem Stress. Wenn wir gestresst sind, dann setzt unser lösungsorientierter und flexibler Teil des Gehirns aus. Es übernehmen Teile des Hirns, die einem

Autopiloten gleichen. Wir erinnern plötzlich nur noch die breiten Autobahnen, die sich seit unserer frühesten Kindheit als Muster eingefahren haben, und alle anderen Bereiche, zum Beispiel die mühsam erarbeiteten neuen Verhaltensweisen unserem Kind gegenüber, sind wie gelöscht. In diesem Zustand gibt es meist nur noch die Möglichkeit von Kämpfen, Fliehen oder Erstarren.

Manchmal bahnen sich auch uralte eigene Verletzungen aus der Kindheit ihren Weg. Es wüten dann in der Tat zwei Kinder: das eine, das da leibhaftig vor uns sitzt, und das andere, auch *»Inneres Kind«* genannt.[3] Ein Hinweis darauf, dass kindliche Anteile gerade mitmischen, ist ein Gefühl, wie ferngesteuert zu sein und nicht ohne Weiteres aus der Situation herauszukönnen. Also beispielsweise, dass du dein Kind weiter anschreist, obwohl dein Verstand weiß, dass das nichts bringt und du dich hinterher vermutlich schuldig fühlst. Manchmal sagen wir auch, da hat jemand »unsere Knöpfe gedrückt«. Dann ist deine Wut genauso ein Hilferuf wie der deines Kindes. Wichtig ist, dass du dich in solchen Momenten selbst ertappst und dann immer öfter lernst, wieder umzuschalten. Nämlich von der Ebene des Inneren Kindes (das sich unfair behandelt oder bedroht fühlt) zurück auf die der erwachsenen Person.

Raus aus der Wutspirale

Wie du es konkret schaffen kannst, wieder in einen Zustand zu kommen, in dem du dein Kind überhaupt erst begleiten kannst, das ist individuell sehr unterschiedlich. Der »erfolgversprechendste« Weg führt – du ahnst es bereits – über deine Bedürfnisse. Leider braucht es einige Wiederholungen, bis du diesen leichter beschreiten kannst. Denn unser Gehirn greift in stressigen Situationen auf bereits gelernte Strategien zurück, denn diese sind schneller umsetzbar. Neue Strategien sind meistens nur schwer umsetzbar oder können in stressigen Situationen nicht abgerufen werden.

Im besten Falle ertappst du dich also zunächst dabei, dass du dich kindlich verhältst. Dieses Verhalten vermittelt dir, dass hier alte Emotionen hochgekommen sind, man könnte auch sagen, ein Inneres Kind ist in der Situation mit am Werk. Und dieses Innere Kind braucht dich als erwachsene, souveräne Person. Stelle dir vor, du sprichst zu dir selbst, entweder in Gedanken oder auch laut, wie zu einem Kind, das vor dir sitzt. Deine Worte könnten so oder ähnlich klingen: *Okay, du bist wütend. Was macht dich gerade so wütend? Atme erst mal durch! Es besteht gerade keine Gefahr. Du bist in Sicherheit. Was brauchst du denn jetzt gerade? Was täte dir gut? Ein Glas Wasser? Ein Stück Schokolade?* Wenn du dein Inneres Kind auf diese Weise gesehen und versorgt hast, dann kannst du dich danach ganz erwachsen um deine Tochter oder deinen Sohn kümmern.

Hier gibt es noch eine Liste mit möglichen **Notfall-Strategien**, dich selbst wieder zu regulieren, also aus der Wut zu holen.[4]

+ bewusstes Atmen mit Betonung auf einer verlängerten Ausatmung
+ langsam ein Glas Wasser trinken
+ sich einen Tee zubereiten
+ die Situation verlassen (umdrehen, anderer Raum, Augen schließen, Kopfhörer aufziehen)
+ kaltes Wasser über die Hände laufen lassen oder das Gesicht damit benetzen
+ ein Fenster öffnen und die frische Luft bewusst einsaugen
+ sich schütteln (Arme, Beine, Hände, Füße)
+ Faust fest anspannen, halten und wieder entspannen
+ zählen, Dinge im Raum benennen
+ sich vor einen Spiegel stellen und das Spiegelbild anlächeln (auch wenn es sich im ersten Moment komisch anfühlt)
+ in ein Kissen boxen
+ singen oder brummen

+ eine vertraute Person anrufen oder ihr eine Nachricht schreiben (nach vorheriger Absprache)
+ auf die Toilette gehen

Ergänze diese Liste nach deinem eigenen Geschmack und probiere ruhig mal verschiedene Dinge aus. Übrigens kannst du diese Strategien auch mit deinem Kind gemeinsam einüben. Dies machst du dann allerdings besser in einer ruhigen, entspannten Situation und nicht im Akutfall. Denn wie eine große Aufführung auch, musst du neue Strategien erst einmal in einer »Trockenübung« oder Generalprobe üben, bevor du diese auf der großen Bühne, in der akuten Stresssituation, einsetzt. Besprich dann auch direkt mit deinem Kind, dass du es in der nächsten Wut-Situation an eure neue Strategie erinnern wirst. Vereinbart auch gleich, wie du dies tun sollst, damit dein Kind es gut hören kann.

Übung
Lerne deine Wut kennen

+ Schaue dir deine eigene Wut genauer an:
+ Wie fühlt sie sich an? Wo im Körper spürst du sie?
+ Wodurch wird sie ausgelöst?
+ Was sind deine Trigger oder »rote Tücher«?
+ Neigst du generell dazu, Gefühle zu unterdrücken und Bedürfnisse aufzuschieben?
+ Kennst du deine wichtigsten Bedürfnisse?

Notiere dir dann einige Ideen, was du tun könntest, wenn du wütend wirst. In diesem Kapitel findest du einige Beispiele.

Diese Übung ist für dich als Erwachsene:r gedacht. Wenn du deine eigene Wut kennengelernt hast, kannst du diese

Übung auch gerne mit deinem Kind machen – passe sie dafür so an, wie es sich für euch gut anfühlt. Zum Beispiel könntet ihr eine Figur mit einem großen Bauch und viel Platz drum herum malen. In den Bauch kommt alles, worüber dein Kind sich ärgert, was ihm schwer im Magen liegt. Markiert außerdem, wo im Körper das Kind die Wut wie spürt. Drum herum könnt ihr Auslöser schreiben: Gedanken und Aussagen anderer in Sprechblasen. Unter die Füße könnt ihr (sozusagen als feste Basis) alles schreiben, was dem Kind guttut.

Das Kind durch die (starke) Wut begleiten

Wir hoffen, du verstehst, warum wir uns so viel mit deiner eignen Wut beschäftigt haben – Stichwort Selbstregulation. Was wir hier zur Wut aufgeschrieben haben, kannst du so oder so ähnlich auch für alle anderen herausfordernden Gefühle anwenden.

5-Schritte-Plan für den nächsten Wutausbruch:

+ **Schritt 1:** Gilt es, jemanden oder etwas zu schützen, der verletzt werden oder das kaputtgehen könnte? Dann schreite beherzt ein, indem du dich dazwischenstellst oder Gegenstände rettest. Sprich dabei so wenig wie möglich. Außer einem klaren »Stopp! Alle bleiben heile!« gibt es (zunächst) nichts zu sagen.
+ **Schritt 2:** Kleiner Check-in bei dir, ehe du dich deinem Kind zuwendest: Bist du gerade ruhig und fühlst dich gewappnet, mit voller Präsenz bei deinem Kind zu sein? Falls nicht: Was kannst du tun, um dich ggf. in diesen Zustand zu bringen?
+ **Schritt 3:** Sei für dein Kind da! Bei Nora Imlau[5] haben wir eine Formulierung gelesen, die uns gut gefiel: Dein Kind braucht jetzt einen »Rettungsring im Strudel der Emotionen«. Auch hier gilt wieder: Solange dein Kind wütend ist, nutze so wenige

Worte wie möglich und signalisiere vor allem verbal und nonverbal: »Ich bin da. Wir kommen da gemeinsam durch.« Begib dich dafür auf Augenhöhe mit deinem Kind und frage es, wie nah du kommen darfst.

+ **Schritt 4:** Auch wenn es dir vielleicht schwerfallen mag, erinnere dich an den Satz von Marshall B. Rosenberg: »Connection before correction.«[6] – Stelle erst wieder eine Verbindung zu deinem Kind her, ehe du versuchst, die Situation zu klären. In der akuten Stresssituation ist dein Kind ohnehin NICHT lernfähig. Alles Reden und Schimpfen verpufft dann und setzt dein Kind eher noch mehr unter Stress.
+ **Schritt 5:** In einem ruhigen Moment könnt ihr die Situation dann nachbesprechen. Was hat dein Kind so wütend gemacht? Was könnte ihm in Zukunft helfen? Was wollt ihr mal ausprobieren? Was ist dir wichtig? Was hat dich verletzt?

Das kannst du sagen ...

... um dich und andere zu schützen:

»Stopp, alle bleiben heile!«

»Es reicht! Du bist wütend, das merke ich und das ist okay, wenn du so fühlst. Gleichzeitig verletzen deine Worte mich.«

»Aua, das tut mir weh. Du willst etwas hauen? Hier, nimm das Kissen.«

... um wieder in Kontakt zu kommen:

»Ich bin hier, und ich gehe nicht weg.«

»Du weißt, du kannst jederzeit zu mir kommen.«

»Ich möchte gerne verstehen, was dich gerade so wütend macht.«

... um den Faden wieder aufzunehmen:

»Ich bin nicht sauer auf dich und ich habe dich lieb. Und gleichzeitig ist mir wichtig, dass wir solche Situationen versuchen anders zu lösen.«

»Magst du mit mir gemeinsam überlegen, was dir in solchen Situationen guttäte? Was kann ich sagen oder tun? Was könntest du selbst tun?«

Wie viel Wut ist »normal«?

Wut ist eines unserer stärksten und wertvollsten Gefühle überhaupt. Viele Erwachsene haben aber verlernt (oder aberzogen bekommen), den Wert von Wut zu erkennen. Wut kann beides bedeuten: Zerstörung und Stärke. Die Superkraft der Wut ist, Grenzverletzungen zu melden und für die Werte und Integrität einer Person einzustehen. Wut ist also ein Gefühl, das ganz normal ist und auch nicht »weggemacht« oder unterdrückt werden sollte.

Allerdings ist es wichtig, dass die Wut nicht zerstörerisch eingesetzt wird (was dann dem Begriff »Aggression« entspricht). Wenn du bei deinem Kind Aggressionen bemerkst, dann ist das der Moment, in dem die Wut aus dem Ruder gelaufen ist. Wenn du und dein Kind allein nicht mehr aus der Aggression herauskommt, dann ist vielleicht der Punkt gekommen, euch zusätzlich Unterstützung zu holen. Dabei kann die in Aggressionen umgeschlagene Wut ganz verschiedene Ursachen haben, die es zu erforschen gilt. Viel Wut kann zudem ein Hinweis auf verschiedenste psychische Erkrankungen sein. Hierzu gehören Ängste, Depression oder Zwänge. Im Kindesalter zeigt sich zum Beispiel eine Depression meist anders als im Erwachsenenalter: Statt gedrückter Stimmung kann das Kind aggressives Verhalten oder eine starke Wut entwickeln. Kinder neigen im jungen Alter meist noch sehr stark dazu, Gefühle wie Angst oder Traurigkeit, aber auch ein Gefühl von Leere (z. B. bei einer Depression) mit Wut auszudrücken. Wut wird also dann zum Problem, wenn ihr als Familie nicht mehr allein damit umgehen könnt oder sie eine zu zerstörerische Kraft annimmt. Schaut da vor allem auf den Leidensdruck aller Beteiligten.

Angst – wenn das Herz pocht

Egal ob Monster unter dem Bett, Herzklopfen beim ersten Betreten des Kindergartens oder Sorge vor dem nächsten Mathetest– es gibt im Alltag viele Situationen, die Kindern Angst machen können. Während Erwachsene oftmals dazu neigen, ihre Angst vor anderen verbergen zu wollen, steht sie jüngeren Kindern noch regelrecht ins Gesicht geschrieben. Die Augen sind weit aufgerissen, vielleicht schlägt das Kind sogar die Hände vors Gesicht, um sich zu verstecken. Wenn ein Erwachsener in der Nähe ist, sucht es bei ihm Schutz, klammert sich an die Beine oder will auf den Arm. Vielleicht weint das Kind oder versteckt sich in einer Ecke und will nicht herauskommen. Oder es klagt ganz plötzlich über Bauchschmerzen oder Kopfschmerzen. Angst können wir also ganz deutlich im Körper spüren – wenn wir sie denn zulassen.

Sie ist ein Hinweisgeber darauf, dass in diesem Moment irgendwas ganz eindeutig nicht stimmt. Das kann sein, dass sich dein Kind körperlich oder seelisch bedroht fühlt, es mit einer neuen und ungewohnten Situation konfrontiert ist, sich ein bisher immer gleicher Ablauf verändert hat oder es einem fremden Menschen gegenübersteht. Gerade für Kinder mit ADHS kann es eine riesige Herausforderung sein, wenn sich etwas in ihrem Alltag ändert oder sie den Plan nicht kennen. Zudem solltest du auch immer im Hinterkopf behalten, dass hinter jedem Wutanfall auch Angst oder Traurigkeit stecken können. Dazu erfährst du mehr in diesem und dem folgenden Unterkapitel.

Die Angst deines Kindes ist für es selbst real

Vielleicht erscheint dir als Elternteil die Angst deines Kindes in diesem Moment unbegründet oder übertrieben. Wie zum Beispiel mit den Monstern unterm Bett. Ja, es gibt sogar Situationen, wo sie dir peinlich oder unangenehm sein kann. Etwa, wenn sich das Kind vor der Oma versteckt, die sich seit Wochen auf ihren Enkel gefreut hat. Oder wenn ihr einen teuren Urlaub auf dem Ponyhof gebucht habt, sich deine Tochter jedoch partout weigert, auch nur in die Nähe der Tiere zu gehen. Doch sei dir gewiss: Für dein Kind ist in ebendiesem Moment die Angst sehr real. Sätze wie: »Ach, davor brauchst du doch keine Angst zu haben!«, oder aber: »Nun sei doch mal mutig und gehe hin zu dem Pferd«, sind nicht hilfreich! Die Angst wird davon nicht verschwinden und das Kind fühlt sich zusätzlich auch nicht gesehen mit seiner Angst. Wir wollen dir hier ein paar Ideen an die Hand geben, wie du stattdessen mit solchen Situationen umgehen kannst.

Das Kind durch die (starke) Angst begleiten

Gerade wenn wir in unserer eigenen Kindheit die Erfahrung gemacht haben, dass Angst ein Zeichen von Schwäche ist, kann es eine echte Herausforderung sein, unser ängstliches Kind empathisch zu begleiten. So oder so wird es immer wieder Situationen geben, in denen du aus deiner Erwachsenenperspektive nur schwer nachvollziehen kannst, woher die Angst deines Kindes rührt. Das ist auch zunächst gar nicht so wichtig. Denn du sollst ja auch gar nicht mit deinem Kind mitleiden, sondern das Gefühl zunächst lediglich benennen und anerkennen. Vielleicht kann es für dich ein Weg sein, die Angst ganz offiziell zu begrüßen: »Ah hallo, da ist gerade die Angst vorbeigekommen. Lass uns mal anhören, was sie so zu sagen hat. Liebe Angst, warum bist du hier? Was gibt es Wichtiges?« Der Vorteil einer Externalisierung (also die Angst zum Beispiel als Gestalt oder Bild darzustellen) ist auch, dass dein Kind lernt, dass das Gefühl nicht ein Teil von ihm ist und klar ist, worüber gesprochen wird.

Was dein Kind jetzt hören muss

Sollte sich das für dich nicht authentisch anfühlen oder dein Kind schon älter sein, kannst du auch etwas in der Art sagen wie: »Ich bin hier. Ich lass dich nicht allein.« Doch auch Jugendlichen kann es helfen, Gefühle zu externalisieren. Denn bei der Angst ist die Frage nach den dahinterliegenden Bedürfnissen ein klarer Fall: Es geht deinem Kind um Schutz, Sicherheit, Vertrautheit oder vielleicht auch ein Verstehen der Situation, also um Klarheit. All das kannst du ihm in vielen Situationen unmittelbar geben.

Lass dein Kind die Dinge möglichst selbst aussprechen und benennen und höre zugewandt hin, ohne zu analysieren, zu beschwichtigen oder abzulenken. Sei auch vorsichtig mit schnellen Lösungsangeboten. Stattdessen könnt ihr lieber gemeinsam forschen und genau hinschauen: Wo in meinem Körper sitzt die Angst? Wie fühlt sie sich an? Was hat vielleicht zuvor jemand gesagt und getan? Gibt es Gedanken, die die Angst ausgelöst haben oder verstärken? Je nach Alter des Kindes kannst du die Angst auch malen lassen und die Gedanken als Sprechblasen einzeichnen.

Durch unsere Gedanken können wir die Angst größer machen (katastrophisieren) oder kleiner machen (bagatellisieren). Das gilt im Übrigen auch für dich als begleitender Elternteil: Sei dir bewusst, dass du durch deine eigenen Erfahrungen und Glaubenssätze deine eigenen Ängste auf dein Kind projizieren kannst. Manchmal ist es schwierig, dieses Konglomerat aus Gefühlen in einer Eltern-Kind-Beziehung sauber zu trennen. So neigen Kinder von ängstlichen Eltern auch vermehrt zu Ängsten.

Hilf deinem Kind, sich seiner Angst zu stellen

Angst kann auch ein Zeichen dafür sein, dass die eigene Komfortzone endet. Hier können Eltern und Kinder gleichermaßen wachsen, indem sie sich ihren jeweiligen Ängsten stellen und diese Schritt für Schritt überwinden. Sind diese Schritte jedoch zu groß, dann geraten wir in die Panikzone – hier ist kein Lernen mehr möglich und Ängste können sich eher noch verstärken, da es zu einer Überforderung kommt.

Es ist also viel Fingerspitzengefühl und zum Teil auch eigene Klarheit und Selbstreflexion gefragt, wenn du dein Kind durch seine Angst begleiten willst. Andererseits ist es dann auch wieder ganz simpel: Sei präsent und suche immer wieder die Verbindung zu deinem Kind. Dann werdet ihr gemeinsam sicher durch so ziemlich jeden Gefühlssturm segeln. Kleiner Mutmacher: Es dauert übrigens meist nur um die 90 Sekunden, bis wir ein Gefühl vollständig gefühlt haben. Dann verschwindet es in der Regel von allein. Allerdings nur, wenn keine Gedanken dazwischenkommen. Da sind Kinder uns Erwachsenen gegenüber dann doch meist im Vorteil …

In akuten Angstsituationen können deinem Kind auch konkrete Techniken wie Atemübungen (4–7–8-Atmung, Atmen im Quadrat, Bauchatmung etc.), progressive Muskelrelaxation oder andere Entspannungsübungen helfen. Wichtig ist jedoch, dass ihr diese zunächst in einer unkritischen Situation (am besten spielerisch) immer wieder einübt. So sind sie dann auch wirklich sicher abrufbar. Bei länger bestehenden, immer wiederkehrenden Ängsten (wie den Monstern unterm Bett) kannst du dein Kind dazu ermutigen, seine Angst zu zeichnen. So hat sie eine Gestalt und wirkt vielleicht schon weniger bedrohlich. Besonders dann, wenn ihr zum Monster vielleicht noch eine Sprechblase zeichnet, in der lustige Sätze stehen wie: »Oh Mann, ich muss mal dringend aufs Klo …«

Und wenn mehr hinter der Angst steckt?

Auch wenn Angst zunächst ein völlig natürliches und wichtiges Gefühl ist, so kann es sich dabei auch um eine psychische Störung handeln oder sich im Laufe der Zeit dazu entwickeln. Bestimmte Ängste sind in bestimmten Entwicklungsphasen deines Kindes völlig normal. Zum Beispiel haben Kinder im Alter von vier bis sechs Jahren häufig Angst vor Fantasiegestalten oder der Dunkelheit. Bei Jugendlichen sind hier eher soziale Ängste zu nennen, zum Beispiel »Bin ich cool genug für meine Clique?«, »Werde ich je eine:n Freund:in finden?« oder Leistungsängste wie »Werde ich meinen Abschluss schaffen?«, »Was, wenn ich keinen Plan habe, was ich nach der Schule machen will?«. Solche entwicklungsgerechten Ängste gehören zum Heranwachsen dazu und verschwinden in der Regel von allein wieder.

Sind sie jedoch besonders intensiv und überschatten so ziemlich jede Situation im Alltag und dauern zudem über einen längeren Zeitraum an, können dies erste Anzeichen für eine psychische Störung sein. Sei auch dann achtsam, wenn zusätzliche Symptome auftreten wie eine tiefe Traurigkeit, Ein- und Durchschlafprobleme, Appetitlosigkeit oder auch vermehrtes Essen oder das Zurückfallen in bereits abgelegte kindliche Verhaltensmuster (Regression). Um es noch einmal deutlich zu sagen: Der Übergang von dem völlig normalen Gefühl der Angst zu einer Angststörung ist fließend. Ein wichtiger Anhaltspunkt ist, wie sehr dein Kind durch diese Angst beeinträchtigt ist, wie hoch also der Leidensdruck ist. Solltest du also Bedenken hinsichtlich der Angst deines Kindes haben, dann kläre es bei einer Kinder- und Jugendtherapeutin oder einem -therapeuten oder einer Psychiaterin oder einem Psychiater ab. Nur so kann dein Kind bei Bedarf die Behandlung erhalten, die es braucht. Schaue dazu gerne in den Download-Bereich, wo wir einige potenzielle Hilfen aufgelistet haben.

Traurigkeit – der dicke Kloß im Hals

Traurigkeit ist eines der Gefühle, das am schwierigsten zu erkennen ist. Denn Traurigkeit kann gut versteckt, überspielt und mit anderen Gefühlen verwechselt werden. Sie äußert sich nicht immer mit Weinen oder einem traurigen Gesichtsausdruck. Gerade bei Kindern kann sie sich auch durch Wut oder verletzendes Verhalten (Beleidigen, Rumschreien etc.) zeigen. Mögliche Anzeichen für Traurigkeit können sein, dass dein Kind erschöpft oder müde ist, sich mehr zurückzieht, weniger spielt oder leiser und zurückhaltender spricht. Natürlich kann sich die Traurigkeit auch durch Tränen bemerkbar machen. Jüngere Kinder leben ihre Gefühlsausbrüche oft noch ungefiltert aus. Je älter dein Kind ist, desto häufiger versteckt es sich vielleicht hinter einem falschen Lächeln oder verdrängt die Traurigkeit auf andere Weise.

Umgekehrt kann bei Erwachsenen hinter Traurigkeit aber auch Wut stecken. Dies zeigt sich insbesondere bei Erwachsenen, die als Kind gelernt haben, ihre Wut zu unterdrücken, und diese nicht ausleben durften. Schaue also bei einer starken Traurigkeit auch mal, ob sich eventuell noch Wut oder erhöhte Frustration dahinter verbergen könnten.

Abgrenzung zu Depression

Traurigkeit ist ein ganz normales Gefühl, das alle Menschen von Zeit zu Zeit erleben und sie zum Nachdenken anregt. In der Gewaltfreien Kommunikation wird »Trauern« auch als ein Bedürfnis bezeichnet, das alle Menschen haben. Hält die Traurigkeit sehr lange an, dann kann es sich jedoch auch um eine Depression handeln. Sie hat zudem folgende **Hauptmerkmale**:

+ gedrückte Stimmung, Niedergeschlagenheit, Verzweiflung
+ Interessenverlust und fehlende Freude
+ Antriebsmangel und schnelle Ermüdbarkeit

Zudem müssen die Beschwerden über einen Zeitraum von mindestens zwei Wochen zu einem Großteil der Zeit auftreten und über ein normales Maß hinausgehen. Nach dem Tod eines nahen Angehörigen sind diese Symptome zum Beispiel vollkommen nachvollziehbar und zu erwarten. Es handelt sich um eine normale Trauerreaktion. Wenn die gedrückte Stimmung jedoch nicht aufhört und weitere Symptome dazukommen, sollte über eine Diagnostik und Unterstützungsangebote nachgedacht werden.

Das Kind durch die (starke) Traurigkeit begleiten

Um dein Kind gut zu begleiten, ist es wichtig, es ernst zu nehmen. Auch wenn das Gefühl für dich in der Situation nicht passend ist, wird dein Kind seine Gründe dafür haben. Alle Gefühle sind okay und dürfen da sein. Egal ob dein Kind mit Wut oder Traurigkeit reagiert: Es bringt nichts, das Gefühl zu ignorieren und wegzuschieben. Im Gegenteil, das Verdrängen führt in der Regel dazu, dass die Gefühle im Unterbewusstsein weiter vor sich hin brodeln und irgendwann viel stärker herausbrechen. Ablenkung und der Fokus auf positive Aktivitäten können trotzdem in der Akutsituation eine gute Unterstützung sein, damit das Kind nicht völlig von seinem Gefühl »überschwemmt« wird.

Bei Traurigkeit kannst du diese Ideen ausprobieren:

+ **Gehe auf die Ebene deines Kindes:** So stellst du Verbindung her und kannst unterstützend für es da sein.
+ **Ablenkung:** Manchmal möchte dein Kind sich nicht mit dem Gefühl beschäftigen und sich lieber ablenken (lassen) durch gemeinsames Spielen oder Spazierengehen etc.
+ **Gefühle begleiten, da sein:** Wenn dein Kind keine Ablenkung möchte, kannst du es in diesem Gefühlssturm begleiten: durch deine Nähe, eine Umarmung oder Reden.
+ **Gespräch anbieten:** Eine offene und ehrliche Kommunikation, auch über schwere Themen (Tod, Krankheit, Verlust etc.), ist wichtig, um Ängste zu nehmen oder bei Schuldgefühlen zu entlasten. Dabei können Bilderbücher speziell zu diesen Themen eine gute Unterstützung sein.
+ **Vertrautheit schaffen:** Traurigkeit, Verlust oder Trauer können dein Kind aus der Bahn werfen. Dann braucht es eine gewisse Konstanz und Routinen, damit wenigstens ein bestimmter Teil gleichbleibt. Was sind vertraute Situationen und Rituale, die deinem Kind guttun? Setze diese nach Möglichkeit fort.
+ **Kind verstehen:** Nicht alle Kinder können ihre Traurigkeit durch Worte ausdrücken. In diesen Fällen können zum Beispiel Kuscheltiere dabei helfen, Situationen anzusprechen, nachzuspielen und zu verarbeiten.
+ **Ressourcen fördern:** Worin ist dein Kind richtig gut (Malen, Basteln, Fußballspielen, Rennen, Bauen etc.)? Ermutige dein

Kind zu diesen Aktivitäten – als Ablenkung und als Ressource für positive Erfahrungen.

Eine schöne Möglichkeit kann auch etwas sein, was wir »die Lachpolizei« nennen. Diese Methode zeigt deinem Kind spielerisch, dass nicht ALLES schlecht ist. Sie ist insbesondere dann hilfreich, wenn dein Kind den Fokus nur noch aufs Negative legt. Besprecht unbedingt vorher die Regeln, damit das Kind weiß, dass »die Lachpolizei« euer Spiel ist, um das Lachen besser wahrzunehmen: Jedes Mal, wenn dein Kind lacht, wirst du es darauf hinweisen, dass dies nicht erlaubt ist (»Achtung, hier spricht die Lachpolizei! Lachen verboten«). So lenkt ihr den Fokus auf die positiven »Lach-Situationen« und dein Kind erlebt, dass aktuell nicht alles schwierig ist.

Das kannst du zu deinem traurigen Kind sagen

Kinder mit ADHS erfahren meist häufiger als andere Kinder Zurechtweisungen, Ausgrenzung und Scheitern. Diese Erlebnisse und Erfahrungen können in unseren Kindern auch Traurigkeit hervorrufen. Wenn dein Kind traurig ist, ist es wichtig, es durch empathische Worte und Gesten einfühlsam und wertschätzend zu begleiten. Dabei sollte der Fokus auf den Bedürfnissen deines Kindes liegen, denn nicht immer möchte dein Kind das Gleiche wie du in diesem Moment.

7 Schritte, um mit deinem Kind in Verbindung zu kommen:

+ **1. Beobachtung:** Versuche neutral zu beobachten, was du an dem Verhalten deines Kindes bemerkst. Dabei solltest du konkrete und subjektive Interpretationen und Bewertungen erst einmal weglassen. Was gibt dir den Eindruck, dass gerade etwas mit deinem Kind nicht stimmt? Welches konkrete Verhalten fällt dir auf? Benenne dieses Verhalten:

»Ich habe bemerkt, dass du heute still in deinem Zimmer sitzt.«

»Ich sehe, dass du heute seit der Schule sehr still bist.«

+ **2. Gefühle:** Frage dein Kind nach den Gefühlen. Wenn dein Kind noch jünger ist, kannst du auch mögliche Gefühle anbieten und diese benennen, um deinem Kind zu helfen.

»Wie fühlst du dich gerade?«

»Bist du vielleicht traurig oder wütend?«

Verbinde dies gerne mit deinen Beobachtungen aus Schritt eins.

»Ich habe bemerkt, dass du heute still in deinem Zimmer sitzt. Bist du vielleicht traurig?«

+ **3. Bedürfnisse:** Starke Gefühle wie Traurigkeit entstehen nicht ohne Grund und sind meistens das Resultat eines Bedürfnisses, das nicht erfüllt werden konnte. Zudem braucht dein Kind gerade in diesem Moment vielleicht deine Unterstützung. Erfrage die Bedürfnisse, die hinter den Gefühlen stehen könnten.

»Gibt es etwas, das du gerade brauchst oder dir wünschst?«

»Was brauchst du gerade?«

+ **4. Bitten:** Du kannst hier auch eine Bitte formulieren oder ein Angebot an Unterstützung für dein Kind machen. Sei dabei aber nicht suggestiv und gib deinem Kind die Möglichkeit, »Nein« zu sagen. Die Strategie zur Bedürfniserfüllung deines Kindes kann anders sein als deine – und das ist gut so.

»Kann ich etwas für dich tun, um dich zu unterstützen oder zu entlasten?«

»Möchtest du darüber sprechen, oder brauchst du gerade Zeit für dich?«

+ **5. Eigene Gefühle und Bedürfnisse mitteilen:** Eine gute Möglichkeit, in den Kontakt mit deinem Kind zu kommen, ist es auch, die eigenen Gefühle und Bedürfnisse zu benennen. Dabei kannst du so offen sein, wie du gerade möchtest und wie es dir in der Situation passend erscheint.

»Es macht mich traurig zu sehen, dass du dich so fühlst. Mein Bedürfnis nach Verbindung und Fürsorge ist gerade sehr stark.«

»Ich würde dich gerne unterstützen.«

+ **6. Empathie:** Zeige empathisch, dass du Verständnis für die Gefühle deines Kindes hast, und bestärke dein Kind darin, dass alle Gefühle in Ordnung sind. Damit gibst du deinem Kind die Sicherheit, sich zu öffnen, und verhinderst ein »Wegdrücken« oder »Unterdrücken« der Gefühle.

»Ich habe den Eindruck, dass es gerade schwer für dich ist, stimmt das? Es ist vollkommen in Ordnung, traurig zu sein.«

+ **7. Offene Fragen:** Stelle offene Fragen, um deinem Kind Raum zu geben, die eigenen Gedanken und Gefühle zu teilen. Geschlossene Fragen können bei jüngeren Kindern helfen, da diese vielleicht noch nicht so gut ihre Gefühle und Bedürfnisse benennen können. Ein Einstieg mit einer offenen Frage kann aber je nach Alter der Kinder eine richtig gute Verbindung schaffen und Interesse ausdrücken, ohne Themen oder eigene Bewertungen vorwegzunehmen.

»Möchtest du darüber sprechen?«

»Was beschäftigt dich gerade?«

Egal, für welche Methode du dich entscheidest, dein Kind wird es dir danken, wenn du es in diesem unangenehmen Gefühl unterstützt. Denk immer daran: Du bist ein Vorbild für dein Kind. Wenn du also einmal traurig bist, dann ist dies die perfekte Gelegenheit, deinem Kind zu zeigen, wie du mit diesem Gefühl umgehst. Denn auch du, als Mama oder Papa, darfst traurig sein und dann für dich sorgen!

Freude – im Überschwang

In einem Kapitel über die Begleitung von Gefühlen darf die »Freude« nicht fehlen. Es handelt sich hierbei um ein Gefühl, das sich Eltern eigentlich für ihre Kinder wünschen, oder? Gerade lauthals loszulachen kann sehr befreiend sein und wirkt oft regelrecht ansteckend und verbindend. Vielleicht kennst du den bekannten Satz, der Albert Schweitzer zugeschrieben wird: »Das Glück ist das Einzige, das sich verdoppelt, wenn man es teilt«. Gemeinsame Freude und gemeinsame Erlebnisse können Familien verbinden und Beziehungen stärken. Schöne Momente bleiben lange in Erinnerung und können euch auch durch schwerere Zeiten tragen.

Doch bei ADHS kann sehr überschwängliche Freude durchaus zu einer Herausforderung werden. Durch ihre Gefühlsstärke können Kinder mit ADHS Momente der Freude intensiver erleben als Gleichaltrige. In vielen Bereichen ist dies zunächst völlig unproblematisch. Jedoch gibt es auch Schattenseiten: Von »Größenwahn« und Selbstüberschätzung über das Nicht-Wahrnehmen anderer Gefühle bis hin zu grenzüberschreitendem Verhalten kann die überschwängliche Freude bei ADHS vielfältige Formen annehmen. Kinder mit ADHS neigen dazu, Emotionen intensiver zu erleben, und die Freude bildet hierbei keine Ausnahme.

Das Kind durch die (starke) Freude begleiten

»Größenwahn« kann dazu führen, dass dein Kind unrealistische Erwartungen an sich selbst und die eigenen Fähigkeiten entwickelt. Erfolge können dann zu Selbstüberschätzung führen und in der Folge dann eine größere Frustration bei Misserfolgen bedeuten. Deswegen ist es umso wichtiger, realistische Ziele zu setzen und auch kleine Schritte zu feiern. Wenn sich dein Kind sehr überschwänglich freut, hat es in diesem Moment vielleicht auch Schwierigkeiten, die (abweichenden) Gefühle anderer Personen im Umfeld wahrzunehmen und die Situation einzuschätzen. Durch einfühlsame Gespräche kannst du dazu beitragen, das Bewusstsein deines Kindes für die Gefühle anderer zu schärfen und Empathie zu fördern. Schaue dazu gerne noch mal in Kapitel 2.

Überschwängliche Freude kann sich in impulsivem Verhalten, übermäßiger Lautstärke und Schwierigkeiten in der Emotionsregulation äußern. Dies sind dann häufig die Situationen, die zu Streit und Stress in der Familie führen. Eine gute Möglichkeit für den Umgang mit übermäßiger Freude in unpassenden Situationen ist die Einführung von Freude-Ritualen.

Freude-Rituale einführen:

+ **Besondere Zeiten festlegen:** Lege gemeinsam mit deinem Kind Zeiten fest, in denen dein Kind seine überschwängliche

Freude besonders ausdrücken kann. Dies kann zum Beispiel eine »Erfolge-Party« nach dem Abendessen sein.

+ **Gemeinsame Aktivität:** Überlege dir mit deinem Kind eine Aktivität oder ein Ritual, um diese Freude zu kanalisieren. Dies könnte ein Tanz, ein Lied oder eine kreative Aktivität wie Malen sein. Diese Aktivität könnt ihr dann in eure »Erfolge-Party« einbauen.
+ **Visualisierung:** Ermutige dein Kind, diese überschwängliche Freude auszudrücken. Dies kann in Form eines Tagesbuches oder einer Zeichnung sein.

Der Freude Raum und Rahmen geben

Diese Freude-Rituale haben nicht den Sinn, die Gefühle deines Kindes zu unterdrücken, sondern sie sollen dein Kind darin unterstützen, die eigene Freude auszudrücken. Dieser Ausdruck sollte geeignet sein, die Grenzen und Bedürfnisse der anderen Familienmitglieder zu wahren. Erinnere dich an Familie Schulze, wo Papa Max Kopfschmerzen hat und Sophie vor Freude singt. Die beiden haben eine Lösung gefunden, die für beide passt. Ein zentraler Punkt, um eine gemeinsame Lösung zu finden, ist die Kommunikation. Das Schöne ist, dass du dadurch die Gefühle deines Kindes achtest und ihr eine gemeinsame Verbindung auf- oder ausbaut.

+ Eigene Gefühle ausdrücken:

> »Das hat mich glücklich gemacht zu sehen, wie viel Freude du in diesem Moment hattest. Es freut mich wirklich sehr, wenn es dir gut geht.«

+ Selbstoffenbarung:

> »Manchmal finde ich es schwierig, mit so viel Energie umzugehen. Ich möchte jedoch sicherstellen, dass du dich frei ausdrücken kannst. Wie können wir das zusammen schaffen?«

+ Bedürfnisse des Kindes ansprechen:

> »Es ist großartig zu sehen, wie du deine Freude ausdrückst. Gleichzeitig möchte ich sicherstellen, dass es für dich und die anderen angemessen ist. Wie können wir das so gestalten, dass es für alle funktioniert?«

+ Einbindung von Lösungsideen des Kindes:

> »Hast du Ideen, wie du deine Freude teilen kannst, ohne dass es zu laut wird? Ich bin offen für Vorschläge und möchte gemeinsam mit dir eine Lösung finden.«

+ Zeitpunkt für Gespräche wählen:

> »Ich freue mich, dass du so glücklich bist. Können wir später darüber sprechen, wenn wir mehr Zeit haben? Ich möchte wirklich verstehen, was dich so erfreut, und im Moment möchte ich gerne diese Sache hier erledigen.«

Du siehst schon: Freude ist ein tolles Gefühl, das verbinden und Beziehung aufbauen kann. Gleichzeitig sind das Maß und das Ausagieren nicht immer für die Situation und die eigenen Bedürfnisse passend. Rituale können helfen, diesen Gefühlen einen Raum und einen »sozialverträglichen« Rahmen zu geben.

Kapitel 6
Wo ihr als Familie gerade steht

Keine Frage, das Familienleben stellt Eltern immer wieder vor kleinere oder größere Herausforderungen. Ist dann noch ADHS im Spiel, kommt ein weiteres Paket an Besonderheiten dazu – auf viele davon sind wir schon eingegangen. In diesem Kapitel wollen wir den Blick auf euch als gesamte Familie lenken. Und dafür beginnen wir wieder bei dir: Durch die Rückmeldungen aus dem Umfeld und unter dem Druck von Kindergarten oder Schule wird Begleitung oft zu einem echten Balanceakt. Häufig berichten Eltern von Schuldgefühlen oder schildern ihren Eindruck, komplett versagt zu haben. Wie geht es dir damit? Fühlst du dich schon etwas gestärkt oder hast du doch auch immer wieder das Gefühl, alleingelassen zu werden oder unsicher zu sein? Mit der GFK hast du jetzt einen Werkzeugkoffer für verschiedenste Situationen an der Hand. Du kannst diesen nun nach Herzenslust und Bedarf erproben, ergänzen und für dich passend machen. Unpassende Werkzeuge sortierst du einfach aus.

Im Folgenden wollen wir dir die Veränderung so leicht wie möglich machen, indem wir uns schrittweise verschiedene Aspekte anschauen und Impulse dazu geben. Im ersten Schritt geht es um eure persönliche Ausgangssituation. Denn wenn wir schauen wollen, worauf ihr euch zubewegen wollt, was euer Nordstern, eure Vision ist, dann hilft es, zuerst zu klären, wo ihr momentan steht.

Gestaltet euren eigenen Familien-Leitfaden

Damit du und deine Familie all eure Erkenntnisse kompakt an einer Stelle sammeln könnt, haben wir den »*Kleinen Familien-Leitfaden*« konzipiert. Er ist so etwas wie eine »Bedienungsanleitung« für deine Familie – die ihr selbst schreibt. Sie zeigt, worauf es bei euch zu achten gilt, wie ihr Herausforderungen aktuell angeht und wohin ihr euch in Zukunft gemeinsam entwickeln wollt. Wir glauben, dass der Leitfaden ein starker Motivator sein kann, um dauerhaft dranzubleiben und kleine und größere Erfolge sichtbar zu machen. Füllt ihn daher ruhig immer mal wieder neu aus bzw. ergänzt ihn um dazugewonnene Erfahrungen und Erkenntnisse.

Du kannst dir den Familien-Leitfaden über den Link am Ende des Buches herunterladen und ausdrucken. Viele der nun folgenden Übungen führen zum Familien-Leitfaden hin – wir haben diese mit einem entsprechenden Hinweis versehen. Hier macht es Sinn, deine Erkenntnisse schriftlich festzuhalten, um sie später leichter in den Leitfaden übertragen zu können. Wir empfehlen, dass ihr die nachfolgenden Übungen als Familie macht und gemeinsam darüber sprecht. Wenn dies aktuell nicht möglich ist, kannst du sie auch erst einmal allein bearbeiten. Einige Übungen sind erst ab einem bestimmten Alter geeignet. Lies am besten vorher die jeweilige Übung durch und entscheide, ob diese für deine Kind oder deine Kinder umsetzbar ist. Jugendliche können alle Übungen machen.

Wie sieht eure aktuelle Situation aus?

Auf den folgenden Seiten findest du Fragen, die euch dabei unterstützen, eure aktuelle Familiensituation zu reflektieren. Dabei fokussieren wir uns zunächst auf eure Hauptstresspunkte, größten Herausforderungen und den Einfluss von ADHS auf euren Alltag.

Übung
Aktuelle Situation

(Siehe Familien-Leitfaden Punkt 1)

Nimm dir am besten einen Zettel und einen Stift und beantworte die Fragen unten. Wenn ihr diese Fragen gemeinsam als Familie beantwortet, dann solltet ihr ein großes Blatt nehmen, damit ihr möglichst viel Platz habt. Denn alle Meinungen und Perspektiven sind gefragt. Vielleicht braucht es hier insbesondere für dein Kind etwas Ermutigung, wirklich offen und ehrlich zu sein. Vermittle ihm, dass es keine negativen Konsequenzen für Geschriebenes zu befürchten hat. Wir haben die Fragen für verschiedene Altersstufen angepasst. Lies am besten die Fragen zuerst einmal durch und entscheide, welche davon ihr gemeinsam mit dem Kind bearbeitet und welche sich die Erwachsenen allein vornehmen.

Bevor ihr losschreibt: Nehmt euch kurz ein paar Minuten Zeit und lasst die vergangenen sechs Monate gedanklich an euch vorüberziehen. Jeder überlegt für sich: Was war gut? Was hat dich belastet? Was würdest du gerne verändern? Hier geht es noch nicht darum, irgendetwas aufzuschreiben, sondern nur darum, sich in die aktuelle Situation als Familie einzufühlen. Wenn es dir hilft, kannst du dazu auch die Augen schließen. Jeder beantwortet nun Schritt für Schritt die folgenden Fragen:

+ Welche Worte fallen dir als Erstes ein, wenn du an deine Familie denkst?

- Welche auffälligen Verhaltensweisen bemerkst du bei deinem Kind oder deinen Kindern, deiner Partnerin oder deinem Partner oder bei dir selbst? Welches Verhalten magst du nicht bei den anderen Familienmitgliedern?
- Wie beeinflussen diese Verhaltensweisen euren aktuellen Familienalltag?
- Was sind die herausforderndsten/belastendsten Situationen aktuell?
- Welche Bereiche eures Lebens sind von ADHS betroffen?
- Wie fühlst du dich, wenn du an eure aktuelle Situation denkst?
- Wie kommuniziert ihr innerhalb der Familie?
- Welche Muster oder Gewohnheiten in eurer Kommunikation sind dir aufgefallen bzw. möchtest du verändern?
- Wie ist deine aktuelle Haltung zur Gewaltfreien Kommunikation? Setzt du bereits Elemente daraus um?
- In welchen Situationen kommt es häufig zu Streit und Auseinandersetzungen?
- In welchen Situationen fällt es dir leicht, ruhig zu bleiben?

Wie steht ihr als Familie zueinander?

Jetzt habt ihr eine erste umfassende Bestandsaufnahme über eure aktuelle Situation. Wie leicht oder schwer ist dir das Beantworten der Fragen gefallen? Vielleicht sind hier Dinge zur Sprache gekommen, die dir oder deinem Kind unangenehm sind oder Kummer bereiten. Nehmt euch oder nimm dir jederzeit eine Pause, wenn sie gebraucht wird. Alle Gefühle dürfen sein und sollten genügend Raum bekommen. Womöglich sind da Trauer und Bedauern, dass bei euch in der Familie manches komplizierter ist oder nicht den

Erwartungen entspricht. Es ist völlig okay, das zu denken und auch mal auszusprechen – beispielsweise im Gespräch mit einem vertrauten Menschen. Wenn du so weit bist, lies weiter.

Im zweiten Schritt möchten wir dich dazu ermutigen, die Beziehungen innerhalb eurer Familie genauer anzuschauen. Dafür bieten wir dir im Folgenden vier unterschiedliche Übungen an. Während die erste und die vierte unabhängig voneinander funktionieren, ergänzen sich die zweite und die dritte. Lies dir am besten alle Übungen zunächst durch und entscheide dann, was dich spontan am meisten anspricht und am machbarsten erscheint. Du kannst auch jederzeit wieder zu diesem Kapitel zurückkehren.

Übung
Meine Familie in all ihren Facetten

Schreibe zunächst alle Namen deiner Familienmitglieder auf ein Blatt Papier. Lass dabei zwischen den Namen ein bisschen Platz, damit du noch etwas drum herum schreiben kannst. Dabei können auch die Großeltern, Tante, Onkel, Cousine etc. mit aufgenommen werden, die einen wichtigen Einfluss auf eure Familie haben.
Nimm dir nun drei verschiedenfarbige Stifte. Mit dem ersten Stift notierst du die aktuelle Stimmung der Person und die Auslöser für dieses Gefühl. Dabei kannst du zum Beispiel schreiben, dass diese Person gerade häufig traurig ist aufgrund von Problemen in der Schule oder gestresst durch viel Streit zu Hause. Der zweite Stift ist gedacht für Stärken oder Eigenschaften, die du an der Person schätzt. Das können zum Beispiel Charakterzüge, Hobbys oder besondere Fähigkeiten sein. Mit dem dritten Stift schreibst du Eigenschaften auf, die dich an der Person stören, oder Probleme deiner Familienmitglieder. Das können zum Beispiel We-

senszüge oder aktuelle Stresssituationen sein. Schreibe nun alles, was dir zu den einzelnen Personen einfällt, neben den Namen der dazugehörigen Person auf das Papier.
Hast du bei jedem etwas stehen?
Dann schaue dir noch mal das fertige Bild an. Was fällt dir auf?

Vielleicht steht bei einer Person sehr wenig oder sehr viel? Welche Farbe überwiegt gerade bei den einzelnen Personen oder bei dem Bild im Allgemeinen?

Dieses Bild deiner Familie könnt ihr nun gemeinsam anschauen. Vermutlich ist eure Wahrnehmung unterschiedlich. Dies ist eine gute Möglichkeit, ins Gespräch zu kommen und die Sichtweisen zu diskutieren. Meistens sind gerade die Perspektiven der Kinder ganz anders als die der Erwachsenen.

Es beeinflussen aber nicht nur die Charaktereigenschaften und Stärken *einer* Person die Familie, sondern auch die *Beziehungen untereinander* spielen eine große Rolle. Darum geht es in den folgenden drei Übungen. Für die Erwachsenen sowie älteren Kinder und Jugendlichen eignen sich insbesondere die Übungen »Beziehungskreise« und »Beziehungsnetz«. Für Kinder unter acht Jahren empfehlen wir die Übung »Familie malen«, da in diesem Alter meist ein spielerischer Ansatz leichter fällt. Sie ist aber genauso für ältere Kinder und Jugendliche geeignet und kann ihnen helfen, aus sich herauszukommen und das Unbewusste bewusster zu machen. Und auch für Erwachsene kann es sich durchaus lohnen, diesen kreativeren Ansatz einmal auszuprobieren und offen für die Ergebnisse zu sein. Ohnehin kennst du dich und deine Familie am besten – wähle daher, was dich intuitiv anspricht.

Übung
Beziehungskreise

Nimm ein Blatt Papier und einen Stift. Schreibe zunächst deinen Namen oder »Ich« in die Mitte des Papiers in einen kleinen Kreis. Zeichne nun drei große Kreise um den kleinen Kreis in der Mitte (siehe Grafik). Trage nun alle Personen, die du kennst, in die Kreise ein. Je näher der Kreis sich zum Kreis in der Mitte befindet, also bei dir, desto näher steht ihr euch.

Die Übung kannst du in zwei verschiedenen Varianten bearbeiten: Du kannst entweder für die einzelnen Personen eigene Symbole entwickeln, die passen (klassisch wäre Frauen als Kreis, Männer als Quadrat), oder die Namen der Personen verwenden.

Du kannst auch Personen außerhalb der Beziehungskreise malen. Das können zum Beispiel Personen aus der Vergangenheit sein, mit denen du nichts mehr zu tun hast, oder Personen, die du nur sehr entfernt oder aus Erzählungen kennst. Wenn du zum Beispiel Mitglieder eines Sportvereins einzeichnen und nicht alle einzeln benennen möchtest, kannst du diese auch als Gruppe darstellen.

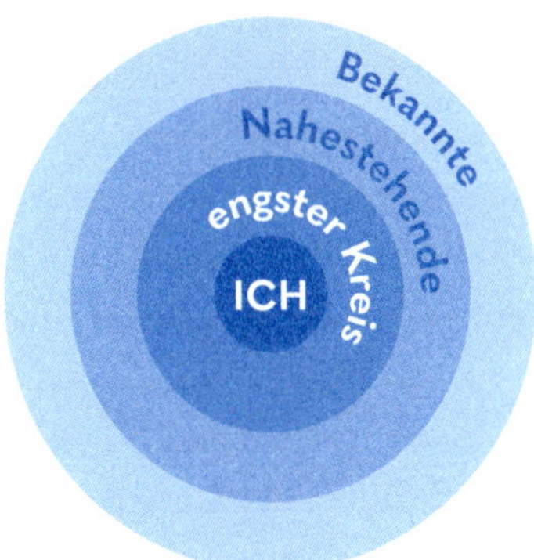

Ergänzend zu den Beziehungskreisen kannst du nun noch die Übung »Beziehungsnetz« machen. Linien und Verbindungen machen ein soziales Beziehungsnetz sichtbar und somit für euch als Familie greifbarer.

Übung
Beziehungsnetz

Nimm ein Blatt Papier und einen Stift. Zeichne zunächst ein Symbol in die Mitte des Papiers, was dich selbst repräsentiert. Alternativ kannst du deinen Namen oder »Ich« schreiben. Um dich herum zeichnest du dann alle Familienmitglieder ein. Die Entfernung zu dir stellt dabei die emotionale Nähe oder Distanz dar. Du kannst außerdem an die Linie auch Symbole zur Qualität der Beziehung zeichnen, zum Beispiel Herz für Liebe, Blitz für Streit/Konflikte oder Ähnliches. Wie bewertest du zurzeit subjektiv die Qualität der Beziehung? Dies kannst du entweder danebenschreiben oder durch die Linie darstellen.
Nun verbindest du die einzelnen Familienmitglieder auch miteinander, um ein Beziehungsnetz zu erhalten. Gehe dabei genauso vor wie oben beschrieben.

Betrachte das fertige Netz: Was fällt dir auf?

Um vom Kopf (Denken) ins Herz (Fühlen) zu kommen, empfehlen wir die Übung »Familie malen«. Auf den ersten Blick liegt diese Übung vielleicht etwas außerhalb deiner Komfortzone. Falls das so ist, möchten wir dich einladen, der Übung dennoch (oder gerade) eine Chance zu geben. Denn das Malen oder Verbildlichen von Beziehungen und Gedanken kann noch andere Themen aufdecken und tiefere Ebenen deines Bewusstseins erreichen als die vorherigen Übungen. Diese Übung bietet außerdem eine gute Möglichkeit, mit Kindern spielerisch ins Gespräch zu kommen.

Übung
Familie malen

(Siehe Familien-Leitfaden Punkt 2)

Die Übung kann je nach Alter des Kindes angepasst werden. Bei jüngeren Kindern bietet sich eine Geschichte an:

»Stell dir vor, du gehst von dem Kindergarten/der Schule nach Hause, und plötzlich taucht vor dir ein helles Licht auf. Eine wunderschöne Frau erscheint. Du erschreckst dich zunächst. Aber kurz darauf erkennst du, dass es eine gute Fee ist. Was dann passiert, ist magisch: Die Fee schwingt ihren Zauberstab und verwandelt dich und deine komplette Familie in Tiere.«

Diese Übung kann angepasst werden an die Interessen deines Kindes: Vielleicht möchte dein Kind lieber Autos, Dinosaurier, Baustellenfahrzeuge, Obst, Pflanzen oder Blumen malen. Der Kreativität sind keine Grenzen gesetzt.

Mit älteren Kindern oder Jugendlichen kann die Familie alternativ als Menschen gemalt werden. Es gibt aber auch durchaus Jugendliche, die ihre Familie als Tiere malen würden. Du kennst dein Kind oder deine Kinder am besten.

Bei dieser Übung gibt es kein Richtig oder Falsch. Es geht darum, festzustellen, wer die wichtigen Personen im Leben deines Kindes sind. Das Bild kann ein guter Ausgangspunkt sein, um gemeinsam über die aktuelle Situation ins Gespräch zu kommen.

Nutze dazu gerne die folgenden Reflexionsfragen:

- »Wie kommt es, dass [Familienmitglied] ein [Tier] ist?« Oder: »Ah, du hast [Familienmitglied] als [Tier] gemalt. Erzähl mal deine Idee dazu!«
- »Wie siehst du uns als Familie?«
- »Was würde passieren, wenn die Szene zum Leben erwacht?«
- »Wer von den Figuren versteht sich am besten?«
- »Wem geht es am besten und warum?«

Welchen Einfluss hat ADHS in deiner Familie?

ADHS und die damit einhergehenden Symptome können einen großen Einfluss auf unterschiedlichste Bereiche des Alltags innerhalb und außerhalb der Familie haben. Zudem sind sie öfter mal Auslöser für Konflikte oder erzeugen Herausforderungen, die viel Kraft kosten. Vielleicht hast du dich schon einmal gefragt, ob dieses oder jenes Verhalten aufgrund von ADHS auftritt oder auch in anderen Familien an der Tagesordnung ist? Um mehr Klarheit in diesem Punkt zu bekommen, haben wir einen kurzen ADHS-Fragebogen für dich vorbereitet. Diese Leitfragen sollen dir helfen zu erkennen, welches Verhalten eigentlich zu der ADHS gehört – und welches womöglich auch nicht.

Übung
ADHS-Fragebogen

(Siehe Familien-Leitfaden Punkt 3)

Teil 1: Um zu verstehen, welche Probleme auftreten, ist es wichtig, sich die typischen schwierigen Situationen bewusst zu machen. Um es zu vereinfachen, haben wir dir hier ein paar »Klassiker« aufgeschrieben. Überlege zunächst in Ruhe, ob diese Situationen schwierig für dich sind, und kreuze an: von 1 (keine Herausforderung) bis 5 (ausgesprochen herausfordernd). Beschreibe dann so genau wie möglich die Probleme, die du oder ihr in den einzelnen Situationen habt.

	1	2	3	4	5
Situation 1: Bei den Hausaufgaben __________ __________					
Situation 2: Beim Zubettgehen __________ __________					
Situation 3: Umgang mit Gleichaltrigen __________ __________					
Situation 4: Morgens für die Kita/Schule fertig machen __________ __________					

	1	2	3	4	5
Situation 5: Ausflüge bzw. in der Öffentlichkeit __________ __________					
Situation 6: Im Unterricht __________ __________					
Situation 7: Bei den Mahlzeiten __________ __________					
Situation 8: Umgang mit Medien __________ __________					
Situation 9: Umgang mit Geschwistern __________ __________					

Teil 2: Wir haben eine Reihe von Aussagen rund um die ADHS-Symptome von Kindern und Jugendlichen zusammengestellt. Markiere bitte die Aussagen, die aus deiner Sicht auf dein Kind zutreffen. Wenn du mehrere Kinder hast, nutze am besten verschiedene Farben. Diese Aussagen können dir helfen, einzelne Symptome auch im Familienzusammenhang besser zu verstehen und dich auf eine mögliche Diagnostik vorzubereiten.

Konzentration

Mein Kind ...

- kann sich schlecht konzentrieren.
- scheint häufig nicht zuzuhören, ist in seiner eigenen Welt.
- verliert oder vergisst häufig Gegenstände.
- vermeidet Aufgaben, die starke Konzentration oder Organisation erfordern.
- kann völlig ins Spiel versinken und ist dann nicht mehr ansprechbar.
- lässt sich leicht durch Geräusche oder Ähnliches ablenken.

Impulsivität

Mein Kind ...

- kann nicht abwarten.
- ist sehr spontan.
- unterbricht andere oder kann nicht warten, bis es an der Reihe ist.
- hat immer neue Ideen und möchte diese sofort umsetzen.
- platzt häufig mit Antworten heraus, bevor die Frage zu Ende gestellt wurde.

Hyperaktivität

Mein Kind ...

- ist immer in Bewegung, kann nicht stillsitzen.
- beschreibt eine innere Unruhe (eher bei Jugendlichen).
- läuft häufig umher und klettert, ist immer in Bewegung.
- redet pausenlos.
- beachtet beim Spiel häufig Einzelheiten nicht oder macht Flüchtigkeitsfehler.
- kann nicht stillsitzen, wippt viel und ändert häufig die Sitzposition.

Andere typische ADHS-Symptome

Mein Kind ...

+ hat Schwierigkeiten, beim Spielen oder bei anderen Aufgaben dabeizubleiben.
+ kann sich nicht gut organisieren.
+ hat einen starken Gerechtigkeitssinn.
+ hat Schwierigkeiten aufzuräumen.
+ hat Schwierigkeiten bei den Hausaufgaben.
+ ist begeisterungsfähig und mitreißend in den Ideen.

Je mehr du in der vorherigen Übung angekreuzt hast, desto wahrscheinlicher ist eine ADHS-Diagnose. Wenn du also bei allen Kategorien mindestens zwei bis drei Aussagen zustimmen konntest, diese Probleme in verschiedenen Umgebungen auftreten, bereits länger als sechs Monate bestehen und vor dem zwölften Lebensjahr des Kindes angefangen haben, solltest du eine Diagnostik in Betracht ziehen. Um dir die Entscheidung für oder gegen eine Diagnostik leichter zu machen, haben wir im Download-Bereich weiteres Material sowie Infos zu möglichen Anlaufstellen für dich zusammengestellt.

Welche Ressourcen habt ihr als Familie?

Auch wenn es vielleicht manchmal so erscheint: Keine Familie, kein Mensch besteht nur aus Problemen. Wir sind uns sicher, dass es auch in eurem Familienleben Momente gibt, die schön sind, euch Energie schenken und guttun. Nur leider geraten diese dann im Alltag nur allzu leicht aus dem Blick. Deswegen wollen wir jetzt deinen Blick fürs Positive schulen und dein Gehirn trainieren, den Fokus wieder mehr auf Stärken und Ressourcen zu richten.

Die Stärken deines Kindes erkennen und sichtbar machen

Stärken und Ressourcen sind unter anderem die positiven Eigenschaften, die du bereits gesammelt hast, aber auch die Unterstützungsmöglichkeiten, die es für Familien gibt sowie euer Umfeld oder Netzwerk, welches ihr bereits habt. In der nachfolgenden Übung geht es darum, die Stärken des Kindes zu erkennen und es mal so richtig dafür zu feiern. Manche bezeichnen ADHS bzw. einzelne damit einhergehende Eigenschaften als eine Superpower – entscheide bitte selbst, ob du und dein Kind mit diesem Begriff etwas anfangen könnt oder es euch zu weit geht. Gewiss ist jedoch: ADHS bringt Stärken hervor, die dein Kind zu dem machen, wer es ist. Diese wunderbaren Stärken gilt es nun gemeinsam zu ergründen und für alle Familienmitglieder sichtbar zu machen. Dafür erstellt ihr gemeinsam ein sogenanntes »Stärkenplakat« deines Kindes. Viele Familien in der Beratung haben dieses schon als großen Schatz empfunden. Sie berichten von eifrigen Bastelaktionen und viel Verbindung durch das gemeinsame Tun. Das Plakat darf bei euch einen Ehrenplatz bekommen und mit eurer Familie wachsen und sich verändern.

Übung
Das bin ich! Mein Stärkenplakat

(Siehe Familien-Leitfaden Punkt 4)

Diese Übung braucht ggf. etwas Vorbereitung durch dich (Beschaffung der Materialien etc.). Lies dir daher am besten alles in Ruhe durch, ehe ihr startet.

Ihr benötigt Folgendes:

+ ein großes, gerne auch farbiges Blatt Papier (DIN-A3)
+ viele farbige Stifte

+ Schere und Kleber
+ ggf. Zeitschriften, um Bilder auszuschneiden
+ ggf. einen Computer plus Drucker
+ Fotos wichtiger Bezugspersonen

Wenn du mehrere Kinder hast, dann mach diese Übung gerne mit jedem deiner Kinder, egal ob es eine ADHS-Diagnose hat oder nicht. Reserviere dir dafür am besten für das jeweilige Kind ausreichend ungestörte Exklusivzeit.
Alles bereitgelegt und eine angenehme Atmosphäre geschaffen? Dann kann es losgehen. Das DIN-A3-Blatt wird das Stärkenplakat deines Kindes. Die Überschrift des Plakats ist folglich sein/ihr Name. Er kann entweder in der Mitte oder aber auch oben am Rand stehen. Lass dein Kind entscheiden – und sprich dich mit ihm ab, wer schreibt. Nun benötigt ihr Bilder von den Lieblingsaktivitäten deines Kindes (selbst gemalt oder ausgedruckt oder ausgeschnitten aus Zeitschriften). Was sind die Hobbys deines Kindes (Sport, Verein, Instrument etc.)? Was kann dein Kind besonders gut bzw. was macht ihm Freude (bauen, malen, basteln, werkeln etc.)? Was waren besondere Erlebnisse deines Kindes (Wettbewerb, Urlaube, besondere Ausflüge etc.)? Wer sind die wichtigsten Menschen im Leben deines Kindes? Suche Fotos von diesen Menschen und klebe diese auch auf das Plakat auf.
Als Nächstes geht es darum, die Stärken und Eigenschaften deines Kindes aufzuschreiben. Überlege erst einmal selbst mit deinem Kind. Solltet ihr Inspiration brauchen: Im Download-Bereich findest du eine entsprechende Liste.
Das Plakat sollte gut gefüllt werden. Wenn euch nichts mehr einfällt, dann fragt gerne bei Freundinnen und Freunden deines Kindes oder anderen Bezugspersonen nach. Es ist immer spannend, auch andere Perspektiven mit einzubringen.

Ihr habt jetzt ein Unikat erstellt, das einen besonderen Platz verdient hat. Sucht diesen gemeinsam aus. Wenn ihr Lust habt, könnt ihr auch ein Ritual aus der Betrachtung des Stärkenplakats machen. Vielleicht findet sich in eurer Wochen- oder Monatsroutine ein Zeitpunkt, an dem ihr immer wieder gemeinsam draufschaut und Dinge ergänzt? Und noch ein Hinweis für dich: Es kann durchaus sein, dass es deinem Kind unangenehm ist, so viel Positives über sich zu lesen. Besonders dann, wenn es sich gerade ohnehin traurig oder unwohl fühlt, wird es vielleicht Sätze sagen wie: »Ach, das stimmt doch so alles nicht …« Bleib unbedingt am Ball! Mit der Zeit wird es deinem Kind leichter fallen, diese Stärken auch selbst zu sehen und anzunehmen. Dies gelingt in jedem Fall eher, wenn dein Kind sich gerade ohnehin gut fühlt. Sammelt zudem gerne auch konkrete »Beweise« für diese Stärken in Form von kleinen Klebezetteln, die ihr auch ins Plakat integrieren könnt.

Euer Netzwerk sichtbar machen

Wichtige Ressourcen eurer Familie sind auch die unterschiedlichsten Formen der Unterstützung, die ihr aktuell bereits habt. Das können therapeutische Fachkräfte sein, aber auch regelmäßige familiäre Unterstützung durch Großeltern oder Elterngruppen. Wissen stellt ebenfalls eine Ressource dar. Was hast du schon alles gelesen, gehört oder ausprobiert? Welche Fortbildungen oder ggf. auch Coaching-Angebote habt ihr genutzt? Schaue dazu in deinen »*Kleinen Familien-Leitfaden*« und kreuze alle Unterstützungen an, die du gerade hast. Wenn du das Gefühl hast, dass deine Familie noch weitere Unterstützung braucht und du nicht genau weißt, welche es eigentlich gibt, dann sieh im Download-Bereich zum Buch nach.

Wie sprecht ihr miteinander?

»Worte sind Fenster oder sie sind Mauern« Dieses Zitat von Ruth Bebermeyer[1] bringt auf den Punkt, wie viel Einfluss unsere Worte auf unsere Beziehungen und auf die Stimmung in der Familie haben können. Wie fühlt sich Kommunikation bei euch aktuell überwiegend an? Sind da mehr Fenster oder mehr Mauern? Oder anders gesagt: Schafft ihr es, auch in Konflikten immer wieder in Verbindung miteinander zu gehen, die Perspektive des Gegenübers einzunehmen und dann gemeinsam nach einer Lösung zu suchen? Oder ist es eher so, dass es endlose Aneinanderreihungen von »nein-doch-nein-doch« gibt, kleinste Konflikte sich zu handfesten Machtkämpfen hochschaukeln?

Wenn du auf diese Fragen spontan keine Antworten hast, dann beobachte doch in den kommenden Tagen mal typische Gesprächssituationen bei euch in der Familie und mache dir am besten direkt im Anschluss Notizen dazu. Fallen dir bestimmte Kommunikationsmuster auf? Gibt es Sätze oder Worte, die dich besonders reizen? Worauf reagiert dein Kind mit heftigen Gefühlsstürmen? Es geht hier gar nicht um eine vollständige Analyse, sondern darum, dass du ein erstes Gefühl dafür bekommst, wie der Ton bei euch in der Familie generell ist.

Betrachtet alle Ebenen der Kommunikation

Erwachsene haben die Verantwortung für die Qualität der Kommunikation – niemals die Kinder. Natürlich ist es herausfordernd, heftige Gefühlsausbrüche des Kindes, vielleicht noch einhergehend mit lauten Beschimpfungen, nicht persönlich zu nehmen. Und in diesen Momenten ruhig und besonnen zu bleiben, statt selbst loszupoltern oder zu schreien. Es geht auch überhaupt nicht darum, dass es dir immer und jederzeit gelingt, Situationen friedvoll, wertschätzend und klar zu begleiten. Das wäre übermenschlich. Denn die Prägungen aus der eigenen Kindheit spielen ja eine wichtige Rolle und können in der Regel nicht einfach so von heute auf morgen abgelegt werden. Wir haben zumindest noch nicht diesen einen Schalter gefunden, mit dem wir unsere Kommunikation von »gewaltvoll« auf »gewaltfrei« umstellen können. Es geht also eher darum, alte Muster aufzubrechen und die Autobahnen zu verlassen, um neue Wege immer breiter werden zu lassen. Dafür braucht es den Willen zur Selbstreflexion.

Dazu gehören auch die folgenden Fragen: Wie sprichst du mit dir selbst? Wie geht ihr als Paar miteinander um? Wie fühlt sich die Kommunikation mit den eigenen Eltern, also den Großeltern der Kinder an? Kinder kopieren diesen Ton – was sollen sie auch anderes machen, es gibt ja nur diese Vorbilder. Hinzu kommen Einflüsse von Freundinnen und Freunden des Kindes und von Betreuungspersonen außerhalb der Familie (Kita, Schule, Verein etc.). Auf vieles davon hast du wenig bis keinen Einfluss. Doch an einer Stelle kannst du immer und jederzeit mit der Veränderung ansetzen: bei dir selbst. Eine gute Richtschnur kann dafür folgende Frage sein: Wie will ich, dass andere Menschen mit mir reden? Oder auch: Wie hätte ich mir als Kind gewünscht, dass meine Eltern mit mir reden? Versuche das so oft es geht in Bezug auf dein Kind oder deine Kinder umzusetzen.

Ihnen fällt es meist noch schwer, die Qualität der Kommunikation in Worte zu fassen. Sie werden eher Stimmungen wahrnehmen – und diese schnell auf sich beziehen. Du kannst dein Kind also eher fragen, ob es sich in der Familie wohlfühlt und ob es denkt, dass Mama und Papa es lieb haben. Eventuell kommen dann Aussagen wie »Ich mache alles falsch« oder »Ich gehe allen auf die Nerven«. Hier lohnt es sich, empathisch nachzufragen: »Verstehe, das denkst du. Wann, meinst du, ist das so? Kannst du mir ein Beispiel nennen?« So könnt ihr ggf. verschiedene Formulierungen der Erwachsenen aufdecken, die es zu überdenken lohnt.

Deine Vision von Familie

Du willst euer Familienleben aktiv gestalten – bist du schon in die Umsetzung gekommen? Oder fällt es dir noch schwer, weil du so viele verschiedene Impulse verspürst? Keine Sorge, wir unterstützen dich – frei nach dem Zitat, das dem römischen Philosophen Seneca zugeordnet wird: »Wer den Hafen nicht kennt, in den er segeln will, für den ist kein Wind günstig.«

Dieses Zitat gefällt uns gut, denn es zeigt: Definiert zunächst, in welchen Hafen ihr segeln wollt. Wie soll sich der sichere Familienhafen anfühlen? Was ist euch allen wichtig? Welche Werte sind da im Spiel? Wir laden dich ein, zunächst deine Familienvision zu finden, um dann konkrete Ziele für den Weg dorthin zu definieren. Deine – oder besser eure – Familienvision kannst du mit einem »Visionboard«, auch »Wunsch-Ziel-Collage« genannt, erarbeiten. Dieser Ansatz spricht insbesondere das Unterbewusstsein an und lädt die ganze Familie ein, kreativ mitzugestalten. Im Anschluss daran findest du Reflexionsfragen. Diese sollen es dir erleichtern, aus der Vision gemeinsam erreichbare Ziele zu entwickeln. Hierfür zeigen wir dir die »SMART-Methode« als eine gute Möglichkeit.

Was ist der Unterschied zwischen Zielen, insbesondere SMART-Zielen, und der Vision? Die Vision ist das, was wir als unseren Hafen ansehen. Das, worauf wir zusteuern. Wer nicht so maritim unterwegs ist, kann sich natürlich ein anderes kraftvolles Symbol für seine Vision suchen. Gern genutzt wird dafür das Bild vom »Nordstern«. Wie du vielleicht weißt, ist er der hellste Stern des Sternbildes »Kleiner Wagen« und zeigt an, wo Norden ist. Er ist also sehr gut zur Orientierung geeignet und weist zuverlässig den Weg. Dabei geht es gar nicht darum, den Nordstern jemals zu erreichen – viel wichtiger ist es, ihn nicht aus den Augen zu verlieren und deine Route nach ihm auszurichten. Übertragen auf euch als Familie kann das bedeuten, dass ihr euch eine kraftvolle Vision mit allen möglichen Komponenten überlegt und euer Handeln immer wieder daran messt, ob ihr noch auf dem richtigen Weg seid oder ob es einer Kurskorrektur bedarf. SMARTe Ziele sind die kleinen Schritte auf diesem Weg.

Visionboard – das Unbewusste sichtbar machen

Ein Visionboard ist eine Wunsch-Ziel-Collage. Ihr sucht dafür spielerisch passende Bilder und Texte, die euch emotional bewegen. Euer Visionboard muss weder gigantisch groß noch künstlerisch wertvoll sein. Es geht in erster Linie darum, die eigene Intuition zu wecken und Wünsche oder Ideen zutage zu bringen, auf die der Verstand keinen Zugriff hat. Doch nicht nur das: Indem ihr diese Ideen aufs Papier bringt, »füttert« ihr gleichzeitig noch das Unterbewusstsein mit kraftvollen Bildern und erhöht so die Wahrscheinlichkeit, dass diese Träume und Visionen auch Wirklichkeit werden. Denn unser Gehirn liebt Bilder und versteht diese als eine Art »Handlungsanweisung« für die nächsten Schritte auf dem Weg dorthin. Ein Visionboard kann also ein wunderbarer Motivationstreiber sein und verdeutlicht euren Hafen oder euren Nordstern. Gerade auch in Zeiten, in denen es mal schwierig wird und ihr zweifelt. Eine mögliche Anleitung für die Gestaltung eines Visionboards findest du im Download-Bereich zum Buch.

Ihr könnt nach der Kreativ-Aktion im gemeinsamen Gespräch herausfinden, was sich für euch auf dem Board zeigt und welche Ziele ihr daraus für euch ableitet. Vielleicht könnt ihr anhand der Collage auch wichtige Werte und Bedürfnisse der einzelnen Familienmitglieder identifizieren oder darüber in Austausch kommen? Nutzt dafür gerne die Bedürfnisse- und die Werte-Liste, die ihr euch im Download-Bereich herunterladen könnt. Eure Erkenntnisse können dann entweder Teil des Visionboards werden oder ihr schreibt diese gesondert auf bzw. gestaltet ein eigenes Plakat dazu. Eine mögliche Form ist ein Familienwappen, wo ihr eure Werte als Familie aufschreibt und dafür Symbole findet. Hier könnt ihr nicht nur eure aktuellen Familien-Werte festhalten, sondern auch eine Vision zu euren Wunsch-Werten entwickeln. Dies gibt euch die Möglichkeit, euren Nordstern zu finden.

Natürlich ist ein solches Visionboard oder eure Werte-Liste nicht in Stein gemeißelt. Solltet ihr irgendwann merken, dass diese nicht mehr zu euch passen – weil sich Menschen nun einmal stetig weiterentwickeln –, dann ist es an der Zeit für etwas Neues.

SMARTE Ziele sind erreichbare Ziele

Wie geht es dir jetzt? Bist du super motiviert, dich auf die Reise in euren Familienhafen zu machen, oder leuchtet dein Nordstern so grell, dass du gar nicht weißt, wo du anfangen sollst? In jedem Fall ist es sinnvoll, deine Reise zu einem friedvolleren Familienleben in kleinere Etappen einzuteilen, vielleicht sogar in einzelne Schritte. Eine Möglichkeit, um solche Ziele zu finden und zu beschreiben, ist die SMART-Methode nach George T. Doran (1981). Sie bietet eine klare Struktur, um deine Ziele so zu formulieren, dass du sie leichter verfolgen und erreichen kannst. Sie erleichtert das Losgehen – und ermöglicht dir festzuhalten, welchen Weg du und deine Familie schon zurückgelegt habt.

Wofür steht SMART?

+ S = **Spezifisch**: Deine Ziele sollen klar und präzise formuliert werden. Anstatt »Ich möchte, dass unser Familienleben besser wird«, solltest du lieber konkret überlegen, was das heißt. Also beispielsweise »Ich möchte, dass wir weniger Konflikte während des Abendessens haben«.

- M = **Messbar**: Ein Ziel sollte messbar sein, damit du deinen Fortschritt verfolgen kannst. Sei dabei möglichst konkret. Wenn du zum Beispiel möchtest, dass dein Kind in der Schule besser abschneidet, könntest du festlegen: »Wir arbeiten daran, dass sich dein Notendurchschnitt in Mathematik von einer 4 auf eine 3 verbessert.«
- A = **Ausführbar**: Deine Ziele sollten herausfordern, aber dennoch ausführbar und erreichbar sein. Wenn du dir unrealistische Herausforderungen stellst, ist die Gefahr sehr groß, dass du irgendwann aufgibst und frustriert bist.
- R = **Relevant**: Deine Ziele sollten relevant für dich und deine Familie sein. Sie sollten mit deinen Herausforderungen zu tun haben und einen direkten Einfluss auf dein Familienleben haben. Behalte dabei vor allem auch die Familienvision im Blick.
- T = **Terminiert**: In deinen Zielen solltest du einen klaren Zeitrahmen festlegen, in welchem du deine Ziele erreichen möchtest. Anstatt zu sagen: »Ich möchte, dass unser Familienleben besser wird«, sage lieber: »Ich möchte, dass wir weniger Konflikte während des Abendessens haben. Dafür schauen wir uns zu Beginn des nächsten Monats an, was sich verändert hat.«

Wir laden dich jetzt ein, deine eigenen Ziele für dein Familienleben zu formulieren. Nutze dazu gerne die Elemente der SMART-Methode. Am besten beginnst du direkt mit einem großen Ziel von eurem Visionboard, mit etwas, das sich in die Mitte gedrängt hat, wie »Ich wünsche mir in der Familie ein friedvolleres Miteinander«. Setze dir dann einzelne kleinere Zwischenziele. Dadurch kann sich dieses Ziel gleich viel machbarer für dich anfühlen. Schaue dafür gerne noch mal zurück auf deine Notizen vom Beginn dieses Kapitels, wo du dir die einzelnen Problemsituationen und Symptome angesehen hast. Wie sollte sich diese Problemsituation verändern, damit dein Ziel erreicht wird? Woran würdest du – ganz konkret – merken, dass du dein Ziel erreicht hast? Überlege dir konkret messbare, ausführbare und relevante Ziele. Setze diese Ziele dann in einen zeitlichen Rahmen ein. Wähle den Zeitrahmen nicht zu kurz. Denn diese Probleme sind nicht von einem Tag auf den anderen entstanden und können deswegen auch nicht von einem Tag auf den anderen gelöst werden.

Mögliche Ziele:

+ »Ich möchte, dass meine Kinder sich besser verstehen und weniger streiten. Wir werden zweimal pro Woche gemeinsame Aktivitäten planen, um ihre Bindung zu stärken.«
+ »Ich möchte, dass unser Familienalltag weniger stressig ist. Wir werden uns gemeinsam überlegen, wie wir unseren Tagesablauf organisieren können, um Konflikte zu minimieren.«
+ »Ich möchte Gewaltfreie Kommunikation aktiv in unseren Alltag etablieren. Dafür schreibe ich mir die vier Schritte groß auf und bearbeite die Übungen …«
+ »Ich möchte mein Kind stärken. Dafür werde ich dieses Buch jeden Tag im kommenden Monat für 30 Minuten lesen und die Übungen bearbeiten.«

Setze dir ein bis drei Ziele für die nächsten Wochen. Sei aber nicht zu verbissen: SMART-Ziele können dir zwar helfen, auf deiner Reise vorwärtszukommen – aber Rückschläge ab und an gehören dazu. Bleibe dran und freue dich über jeden Schritt in Richtung deiner Ziele und deiner Vision. Würdige und feiere diese Schritte.

Kapitel 7
Typische Themen und Fragen rund um ADHS

Keine Familie gleicht der anderen, jede hat ihre ganz eigenen Päckchen zu tragen. Zudem gibt es in jeder Lebensphase wieder neue Herausforderungen und Fragen. Langweilig wird es jedenfalls nie – denn kaum haben Eltern das Gefühl, sie haben nun endlich eine gute Lösung für ein bestimmtes Problem gefunden, schwupps … ändert sich wieder etwas. Zum Beispiel, weil das Kind einen Entwicklungsschritt gemacht hat oder sich das Umfeld gewandelt hat. Die Gewaltfreie Kommunikation, wie wir sie dir hier vorstellen, ist ein Konzept, das dich durch all diese Veränderungen tragen kann, weil die Vorgehensweise immer mehr oder weniger dieselbe bleibt und doch jedes Mal zu sehr individuellen Lösungen führt. Sie ist also eine Blaupause, die du für verschiedenste Situationen in deinem Alltag nutzen kannst.

Wir wollten bewusst kein Nachschlagewerk verfassen, das am Ende an deiner tatsächlichen Lebenssituation und deinen drängendsten Fragen vorbeiführt. Und gleichzeitig haben wir im Kontakt mit Familien festgestellt, dass es einige typische Themen gibt, die im Zusammenhang mit ADHS immer wieder auftauchen. Diese haben wir – ohne jeglichen Anspruch auf Vollständigkeit – im Folgenden aufgegriffen und beantwortet. Wichtig ist uns dabei: Die von uns angebotenen Erklärungen und Lösungen müssen nicht die für eure Familie passenden sein. Nutze sie als Inspirationsquelle und schaue, was sich für euch stimmig anfühlt.

1. Diagnose: ja oder nein?

Wenn du dich für dieses Buch entschieden hast, dann hast du entweder bereits eine Diagnose für dein Kind oder machst dir wahrscheinlich Gedanken, ob ADHS bei euch in der Familie eine Rolle spielen könnte. Im letzten Fall fragst du dich vielleicht: Brauchen wir eine Diagnose? Wenn ja, was bringt uns diese wirklich? Eine Diagnose ist aus unserer Sicht immer dann sinnvoll, wenn es zu Schwierigkeiten aufgrund der potenziellen ADHS-Symptomatik kommt, die das Umfeld allein nicht mehr abfangen kann. Es ist also ein sogenannter *Leidensdruck* für dein Kind oder jemanden im Umfeld entstanden, und ihr braucht Unterstützung.

Dieser Leidensdruck entsteht bei ADHS meist zuerst bei den Personen im Umfeld und dann erst beim Kind, manchmal auch viel später. Gerade jüngere Kinder sind von der Gehirnentwicklung her noch nicht in der Lage, so reflektiert auf die aktuelle Situation zu gucken, um einen echten Leidensdruck zu entwickeln. Viele Eltern von Kindern mit ADHS berichten, dass es schon sehr früh (also bereits im Säuglings- bzw. Kleinkindalter) zu Schwierigkeiten gekommen ist. Eine Diagnose kann aber meist erst mit fünf oder sechs Jahren bzw. mit Eintritt ins Schulalter gestellt werden. Eine Diagnose ist sinnvoll, wenn du oder dein Kind Hilfen im Gesundheitssystem in Anspruch nehmen wollen. Ergotherapie, Psychotherapie und Medikation können erst beginnen, wenn eine entsprechende Diagnose erfolgt ist. Das Gesundheitssystem sieht leider kaum Leistungen zur Prävention vor, also zur Verhinderung einer (psychischen) Erkrankung.

Um dir die Entscheidung etwas einfacher zu machen, haben wir hier ein paar Leitfragen aufgeschrieben:

+ Welche Schwierigkeiten liegen bei meinem Kind vor? In welchen Bereich sind diese einzuordnen?

+ Haben mein Kind oder ich einen Leidensdruck, der auf eine potenzielle ADHS-Symptomatik zurückzuführen ist?
+ Brauchen mein Kind oder ich Unterstützung aus dem Gesundheitssystem (Ergotherapie, Psychotherapie, Medikation)?
+ Was erhoffe ich mir von einer Diagnostik? Wobei soll mir eine Diagnose helfen?

Nachteile einer ADHS-Diagnose

Der Vollständigkeit halber haben wir dir hier auch noch die potenziellen Nachteile einer ADHS-Diagnose zusammengefasst. Sie stellen keine (versicherungs-)rechtliche Beratung dar und sollten im Einzelfall geklärt werden.

+ Potenzielle Schwierigkeiten bei Verbeamtung: Leider erschwert es immer noch eine Verbeamtung, wenn in der Vergangenheit eine psychische Erkrankung vorlag. Dies soll sich aber in den nächsten Jahren hoffentlich ändern.
+ Private Krankenversicherung: Einige private Krankenversicherungen verweigern eine Aufnahme aufgrund von psychischen Erkrankungen bzw. schließen diese aus.
+ Berufsunfähigkeitsversicherung: Bei den Gesundheitsfragen kann es zu einem Ausschluss von psychischen Erkrankungen aufgrund von Therapievorerfahrungen kommen. Das sollte bei einer Risikovoranfrage beachtet werden.
+ Unfallversicherungen: Manche Unfallversicherungen greifen bei Kindern mit einer ADHS-Diagnose nicht.

Zudem äußern Eltern häufig die Angst, ihr Kind könnte durch die ADHS-Diagnose in eine Schublade gesteckt werden, aus der es nur schwer wieder herauskommt. Wir persönlich glauben, dass Schubladen-Denken und Stigmatisierung nicht abhängig von einer Diagnose sind – aber durch Aufklärung nach und nach immer mehr durchbrochen werden können.

2. Warum bleibt mein Kind beim Essen nicht sitzen?

Das gemeinsame Essen ist wahrscheinlich einige der häufigsten Situationen, in denen die Hyperaktivität von Kindern mit ADHS so richtig deutlich wird. Ihr sitzt am Tisch, und dann geht es schon los: Dein Kind wackelt herum, wippt, spielt mit dem Essen, steht auf und kann einfach nicht stillsitzen?

Stillsitzen ist eine besondere Herausforderung bei ADHS. So liegt das Problem unter anderem an den Schwierigkeiten der Impulskontrolle, aber auch einem erhöhten Bewegungsdrang aufgrund von Konzentrationsproblemen und sensorischer Empfindlichkeit. Sich zu bewegen kann eine Strategie sein, um Gefühle zu regulieren und eine Reizüberflutung zu verhindern. Außerdem stellt das Essen eine größere Herausforderung dar, da es meist nicht besonders spannend ist und Kinder mit ADHS sich leicht ablenken lassen.

Um diese Unruhe zu vermeiden und dein Kind zu unterstützen, baue über den Tag genügend Bewegung ein oder gestalte das Essen interessanter. Vor dem Essen haben Kinder meist noch sehr viel Energie. Eine gute Möglichkeit, um motorische Unruhe beim Essen zu vermeiden, ist es, vor dem Essen noch einmal gut in Bewegung zu kommen und diese Energie rauszulassen: Tanzen zu Musik, Hüpfen auf dem Trampolin, eine kurze Runde durch den Garten oder Ähnliches könnten euch helfen. Biete deinem Kind zum Sitzen einen Wackelstuhl oder einen Sitzball an, damit es dem Bedürfnis nach Bewegung nachkommen kann. Am besten suchst du gemeinsam mit deinem Kind nach Lösungen.

»Ich verstehe, dass du dich bewegen möchtest. Lass uns gemeinsam eine Möglichkeit finden, wie du das tun kannst, ohne das Essen zu unterbrechen. Wie kannst du deinem Bewegungsdrang vorher, während und nach dem Essen nachkommen? Was würde dir helfen?«

Es gibt auch einige Kinder, denen es hilft, beim Essen zu stehen. Dies könnt ihr mit einem höhenverstellbaren Tisch oder einem Stehtisch ausprobieren. Vielleicht hat das Kind auch genau die richtige Größe, um an eurem Familien-Esstisch zu stehen.

Mangelnde Bewegung ist aber nicht der einzige Grund, warum dein Kind unruhig beim Essen sein könnte. Zum Beispiel sind die Gespräche für Kinder meist eher langweilig. Das Bedürfnis nach Spiel und Spaß kann durch verschiedene kurze Bewegungsspiele oder ein Spiel, das die Fantasie anregt, erfüllt werden:

+ **Fünf-Minuten-Tanzparty:** Wenn du merkst, dass dein Kind immer unruhiger wirst, könntest du das Essen mit einer kurzen fünfminütigen Tanzparty mit dem Lieblingslied deines Kindes unterbrechen. Einmal die ganze Energie rauslassen und gemeinsam lachen.
+ **Bewegungsmemory:** Überlege dir mit deinem Kind verschiedene Bewegungsanweisungen (z. B. »Klatsche 3 ×«, »Hüpfe auf einem Bein«, »Drehe dich 1 × im Kreis«) und schreibe diese auf Karten. Dein Kind kann beim Essen dann eine Karte ziehen und diese ausführen.
+ **Sitzgymnastik:** Erlerne mit deinem Kind leichte Sitzgymnastikübungen, wie Fußkreisen, Arme oder Hände kreisen lassen, Schultern kreisen. Du kannst hierfür auch ein Sport-Gummiband verwenden, mit dem dein Kind am Platz Dehnübungen machen kann (z. B. an den Stuhlbeinen befestigt).

+ **Finger-Yoga oder Fingerspiele:** Lerne gemeinsam mit deinem Kind verschiedene Fingerspiele oder Finger-Yoga-Übungen. Diese kann dein Kind dann am Tisch bei Langeweile machen.
+ **Stuhltanz-Wettbewerb:** Auf dem Stuhl sitzend versuchen alle Familienmitglieder ihre besten Tanzbewegungen zu zeigen. Die anderen versuchen diese nachzumachen. Derjenige mit der ausgefallensten Bewegung gewinnt.
+ **Geschichte zu Ende erzählen:** Du beginnst eine Erzählung mit dem ersten Satz. Nacheinander sagt dann jedes Familienmitglied einen weiteren Satz, und nach und nach entsteht eine lustige Geschichte.

Egal für was ihr euch entscheidet: Diese Spiele bringen Lachen, Freude und Spaß an den Essenstisch. Da wird es bestimmt nicht mehr langweilig, und dein Kind lernt, dass am Essenstisch auch ein bisschen Quatsch gemacht werden kann und nicht nur geredet werden »muss«. Und auch mal stillzusitzen, vor und nach dem Spiel, wird eurem Kind dann leichter fallen. Um Streit und Stress beim Essen zu vermeiden, ist es wichtig, die eigenen Bedürfnisse zu kommunizieren und sich mit den anderen Familienmitgliedern über deren Bedürfnisse auszutauschen und diese in Einklang zu bringen. So kann es auch eine Lösung sein, dass das Kind früher vom Tisch aufstehen darf oder die Erwachsenen zwar bei der Mahlzeit des Kindes dabei sind, später jedoch noch mal in Ruhe allein ihr Essen genießen.

3. Warum ist mein Kind so mäkelig?

Essen, insbesondere das Vermeiden von Mahlzeiten oder der wählerische Umgang mit Nahrungsmitteln, kann bei ADHS ein großes Thema sein. Viele Kinder vermeiden unbekanntes Essen, und es kommt immer wieder zu Streit. Wenn Kinder wenig oder nicht ausgewogen essen, machen sich Eltern meist große Sorgen. Dies wird verstärkt durch Kommentare aus dem Umfeld und bei U-Untersuchungen in der Kinderarztpraxis, wenn das Gewicht im Blick ist.

Potenzielle Probleme mit dem Essen bei ADHS:

+ **Appetitlosigkeit:** Bei der ADHS-Medikation mit Methylphenidat ist eine der häufigsten Nebenwirkungen die Appetitlosigkeit. Die Kinder haben oft erst dann wieder Hunger, wenn die Wirkung des Medikaments nachlässt.
+ **Sensible Sinneswahrnehmung bei ADHS:** Da sie Reize schlechter filtern können, sind Kinder mit ADHS oft besonders sensibel für bestimmte Sinnesreize. Dies kann dann zu einem wählerischen Essverhalten führen, insbesondere in Bezug auf Textur, Geschmack oder Geruch.

Appetitlosigkeit bei Medikation

Um der Appetitlosigkeit bei Einnahme von Methylphenidat zu begegnen, werden Kinder jedes Quartal beim verschreibenden Arzt gemessen und gewogen. So kann eine Gewichtsabnahme oder Wachstumseinschränkung frühzeitig erkannt werden. Die Appetitlosigkeit kann unter bestimmten Medikamenten stärker oder schwächer sein. Deswegen kann in Absprache mit dem Arzt auch über den Wechsel des Präparats nachgedacht werden.

Eine zusätzliche Strategie kann es sein, die Mahlzeiten nach dem Hungergefühl des Kindes zu planen. Das beinhaltet in der Regel ein sättigendes, nahrhaftes Frühstück vor der Medikamenteneinnahme, ggf. Kalorienzufuhr über Getränke oder kleinere Snacks bei Appetitlosigkeit und ein umfangreicheres Essen, nachdem die Wirkung der Medikamente nachgelassen hat. Bei den meisten Präparaten ist dies nach der Schule der Fall. Die Kinder und Jugendlichen bekommen dann gegen 15 oder 16 Uhr Hunger. Dann kann eine Zwischenmahlzeit sinnvoll sein, um die Zeit bis zum Abendessen zu überbrücken. Wenn dein Kind aber in der Schule trotz Appetitlosigkeit gegessen hat, kann es vielleicht auch noch bis zum Abendessen warten. Gehe dafür am besten mit deinem Kind ins Gespräch und überlegt gemeinsam, welches Essen es in die Schule mitnehmen kann und essen würde – trotz Appetitlosigkeit.

Dein Kind kann durch die sensible Sinneswahrnehmung Schwierigkeiten haben, neue Lebensmittel zu probieren. Es kann das Essen aber auch aufgrund von verschiedenen Bedürfnissen verweigern, zum Beispiel dem Bedürfnis nach Sicherheit und Kontrolle. Vertraute Lebensmittel geben Sicherheit, und dein Kind fühlt sich wohler beim Essen. Andersherum kann das Verweigern bestimmter Lebensmittel auch eine Möglichkeit sein, Autonomie und Kontrolle auszuüben. Dabei möchte dein Kind nicht »rebellieren«, sondern das Gefühl bekommen, eigene Entscheidungen treffen zu können. Wichtig dabei ist es für dich, zu verstehen, welches Bedürfnis hinter dem Verhalten deines Kindes steckt und wie du dieses erfüllen kannst. Dies kannst du mithilfe der Vier-Schritte-Methode gemeinsam mit dem Kind herausfinden.

Wählerisches Essverhalten gewaltfrei begleiten

Je nach Bedürfnis des Kindes, das es sich durch das wählerische Essen zu erfüllen versucht, kannst du dein Kind unterschiedlich begleiten. Wir haben dir hier Möglichkeiten zusammengefasst, wie du ohne Druck und Machtkampf auskommst.

+ **Auswahlmöglichkeiten anbieten:** Wenn dein Kind das Bedürfnis nach Autonomie hat, biete verschiedene Lebensmittel zur Auswahl an.

»Welche dieser zwei Gemüsesorten möchtest du heute zum Abendessen?«

+ **Gemeinsames Kochen und Zubereiten:** Gib deinem Kind die Möglichkeit, mitzuwirken. Dein Kind oder Jugendlicher kann dadurch das Gericht besser kennenlernen und hat eine gewisse Kontrolle über die Mahlzeiten und fühlt sich selbstwirksam. Zudem ist das gemeinsame Kochen eine gute Möglichkeit, in Kontakt zu kommen und das Bedürfnis nach Bindung zu erfüllen.
+ **Einführung neuer Lebensmittel in kleinen Schritten:** Neue Lebensmittel und Konsistenzen sollten Schritt für Schritt eingeführt werden. Integriere hierfür neue Lebensmittel in bereits bekannte Gerichte (z. B. ein paar Brokkoli-Röschen auf die Lieblingspizza oder einen kleinen Klecks Soße neben die Nudeln). Dein Kind kann sich so an den neuen Geschmack gewöhnen.
+ **Essenspräsentation ansprechend gestalten:** »Das Auge isst mit.« Eine farbenfrohe Gestaltung des Essens mit kreativen Arrangements, farbenfrohen Tellern oder lustigen Formen kann Mahlzeiten attraktiver machen. Außerdem kann das Interesse deines Kindes fürs Zubereiten geweckt werden.
+ **Verbindung von Essen mit positiven Erlebnissen/Vermeidung von Machtkämpfen:** Eine häufige Situation beim Essen sind Machtkämpfe mit Drohungen »Kein Nachtisch« oder Ähnlichem. Das Essen wird dann von deinem Kind bereits als unangenehm empfunden, bevor es überhaupt angefangen hat. Besser wäre es, eine positive Assoziation herzustellen. Dies ist zum Beispiel über die Verknüpfung vom Essen mit einer gemeinsamen Aktivität oder einem Spiel möglich.
+ **Gemeinsame Essensrituale etablieren:** Positive Rituale können helfen, die Atmosphäre am Essenstisch zu verbessern. Zum Beispiel erzählen alle Familienmitglieder das Highlight ihres

heutigen Tages oder nach dem Essen wird noch gemeinsam ein Spiel gespielt oder zum Lieblingslied der Kinder getanzt.

»Ich habe den Eindruck, dass dir das Essen schwerfällt, stimmt's? Hast du eine Idee, wie Essen für dich zu einer schöneren Erfahrung werden könnte? Was würde dir guttun?«

+ **Achtsamer Umgang mit sensorischen Präferenzen:** Es kann aber auch durchaus sein, dass dein Kind empfindlich auf bestimmte Texturen oder Gerüche reagiert. Versuche dann diese zu vermeiden und eher auf Texturen und Gerüche zurückzugreifen, die dein Kind akzeptiert.

»Ich habe bemerkt, dass bestimmte Lebensmittel für dich unangenehm sind, zum Beispiel der ›schleimige‹ Haferschleim [Worte des Kindes verwenden]. Manchmal mache ich mir Sorgen, weil ich möchte, dass du gesund und ausgewogen isst. Könntest du mir mehr darüber erzählen, wann sich Essen für dich gut anfühlt? Vielleicht können wir neue Rezepte ausprobieren oder gemeinsam entscheiden, welche Lebensmittel für dich akzeptabel sind.«

+ **Gemeinsame Ziele setzen:** Hole dein Kind mit ins Boot. Ermutige es darin, seine eigenen Sorgen und Bedürfnisse zu formulieren und Lösungen zu finden. Dabei sollte der Fokus auf der Entwicklung von positiven Zielen liegen.

»Ich mache mir aktuell Sorgen, dass du nicht genug isst oder nur sehr ausgewählte Lebensmittel zu dir nimmst. Ich wünsche mir, dass es dir gut geht. Wie kann ich dir helfen, dass dir das Essen leichter fällt?«

»Lass uns zusammen entdecken, welche neuen Lebensmittel wir mögen könnten. Ich möchte neue Lebensmittel ausprobieren, und ich würde mich freuen, wenn wir diese gemeinsam entdecken würden. Welches Lebensmittel möchtest du mal ausprobieren?«

4. Wieso findet mein Kind keine Freund:innen?

Die Einladungen für den Kindergeburtstag werden verteilt und gefühlt alle sind eingeladen – außer deinem Kind? Alle Kinder der Klasse spielen Fangen – und wer darf nicht mitmachen? Nachmittags verabreden sich andere Kinder – aber wer bleibt wieder zu Hause? Dein Kind! Immer wieder ist dein Kind ausgeschlossen und darf nicht dabei sein. Hast du diese Erfahrung auch schon gemacht?

Freundschaften sind ein wichtiger Bestandteil der kindlichen Entwicklung, nur leider oft nicht so einfach aufrechtzuerhalten, wie man sich das als Eltern vielleicht vorgestellt hat. Kinder mit ADHS sind häufiger Einzelgänger, und große Gruppen können sie anstrengen. Das liegt daran, dass dort die Reize teilweise überfordernd sind und die Kinder immer wieder abgelenkt werden. Gleichzeitig geraten Kinder mit ADHS häufiger in Situationen, in denen sie aufgrund ihres Verhaltens anecken und ausgeschlossen werden. Wer ständig zu spät zu Verabredungen kommt oder diese ganz vergisst (Stichwort Zeitblindheit), hat es zusätzlich schwer. Außerdem können Menschen mit ADHS in sozialen Interaktionen zwar sehr fokussiert auf die Person sein, doch wenn der Freund oder die Freundin dann nicht da ist, erleben sie, laut der Psychologin Dr. Megan Neff, das Gefühl von »out of sight, out of mind«. Sie vergessen also sich zu melden, und die anderen Menschen fühlen sich dadurch gegebenenfalls nicht gesehen oder es fehlt ihnen an Wertschätzung.

Um Freundschaften aufrechtzuerhalten, brauchen Kinder im Kindergarten- und Grundschulalter noch Unterstützung durch die Eltern. Bekanntschaften können zwar auf dem Schulhof oder im Kindergarten entstehen, aber um sich zu verfestigen und zu richtigen Freundschaften zu werden, müssen diese auch außerhalb stattfinden. Verabredungen und Treffen geben deinem Kind die Möglichkeit, in einem vertrauten Umfeld (zu Hause oder bekannter Spielplatz) dem anderen Kind näherzukommen. Um diese Verabredungen zu treffen, braucht dein Kind bis zu einem gewissen Alter noch deine Unterstützung – und ja, vielleicht auch länger, als es bei Kindern ohne ADHS der Fall wäre.

Es kann jedoch auch sein, dass dein Kind in der Schule oder im Kindergarten keinen Anschluss findet, weil dort keine geeigneten Kandidaten oder Kandidatinnen für eine Freundschaft vorhanden sind. In diesem Fall kannst du dein Kind ermutigen, außerhalb der Schule andere Kinder kennenzulernen – etwa durch Hobbys, Jugendzentrum oder andere Freizeitaktivitäten. Vielleicht braucht dein Kind auch Vorbilder, um zu sehen, wie es in sozialen Situationen auf andere zugehen kann.

Wenn dein Kind also immer wieder aneckt durch schüchternes oder aggressives Verhalten, dann schaue dir doch mit deinem Kind mal die konkrete Situation mithilfe der Vier-Schritte-Methode genauer an. Ihr könnt dann gemeinsam ein alternatives Verhalten überlegen, wie dein Kind auf andere zugehen und nach Freunden und Freundinnen Ausschau halten kann. Denn nicht immer ist es Freundschaft auf den ersten Blick. Eine Unterstützung können stärkende Sätze sein; auch die Impulse zum Umgang mit Gefühlen aus Kapitel 5 können helfen.

5. Warum gibt mein Kind jedes Hobby wieder auf?

Kaum hat dein Kind ein neues Hobby begonnen, ist es schon wieder uninteressant – und dein Kind lässt sich nur schwer motivieren, es weiterzuverfolgen? Zu Beginn war es doch so schön: Dein Kind träumte schon davon, bei der Bundesliga ein Tor nach dem anderen zu schießen oder auf der großen Bühne beim Theater zu stehen oder ein Instrument im Orchester zu spielen. Die anfängliche Begeisterung ist fort und die Motivation dahin. Dies kennen viele Eltern von ihren Kindern, egal ob mit oder ohne ADHS. Jedoch kann diese »Flatterhaftigkeit« bei ADHS noch stärker ausgeprägt sein. Vielleicht hat dein Kind auch schon nahezu jeden Sport ausprobiert und auch zig Instrumente oder neue Projekte? (»Das muss ich unbedingt machen!«) Ebenso schnell hat es diese dann wieder aufgegeben. Woran liegt das eigentlich?

Kinder mit ADHS neigen verstärkt zu einem sogenannten Hyperfokus, wo sie alles ausblenden können und nur noch auf das Eine konzentriert sind. Beginnt das Kind eine neue Sache, dann tut es das mit einem stark erhöhten Konzentrationsvermögen und sein Hirn schüttet viel Dopamin aus. Beim weiteren Lernen oder Üben hingegen folgt auf die anfängliche Begeisterung meist eine Ernüchterung. Denn nun werden Durchhaltevermögen und Anstrengung benötigt. Dadurch fällt die Dopaminausschüttung weg und die Motivation nimmt in der Folge wieder ab.

Doch nicht immer sind ein geringes Durchhaltevermögen oder die nachlassende Motivation der Grund dafür, warum dein Kind hinwirft. Begib dich hier (durch empathisches Zuhören) doch mal auf Spurensuche: Hat es vielleicht Schwierigkeiten mit anderen Kindern oder mit der Reizüberflutung? Ist das Interesse an einem neuen Hobby gerade stärker? Gibt es Probleme mit dem Trainer oder der Trainerin? Je nach Problemlage sieht das Vorgehen natürlich anders aus. Deswegen ist es umso wichtiger, mit deinem

Kind ins Gespräch zu gehen, um den Grund für den Durchhänger herauszufinden. Dabei ist es wichtig, die Gefühle und Bedürfnisse deines Kindes zu achten, offen für Lösungen zu sein und nicht sofort mit der Einstellung reinzugehen, dass dein Kind das Hobby jetzt »endlich einmal zu Ende führen soll«.

Dabei könntest du zum Beispiel folgende Schritte beachten:

+ **Schritt 1:** Beobachte genau, wie dein Kind sich verhält, wenn es zu seinem Hobby geht. Versuche hierbei deine eigene Interpretation und Bewertung wegzulassen und beschreibe nur das konkrete, beobachtbare Verhalten deines Kindes.

  »Ich habe bemerkt, dass du, wenn wir zum [Hobby] aufbrechen, dich auf den Boden wirfst oder in dein Zimmer rennst.«

  »Ich sehe, dass du seit zehn Tagen nicht mehr für den Klavierunterricht geübt hast.«

  »Ich sehe, dass du beim Fußballspielen alleine für dich stehst und nicht mit den anderen Kindern sprichst.«

+ **Schritt 2:** Frage dein Kind nach den Gefühlen. Biete ggf. Gefühle an.

  »Wie fühlst du dich gerade?«

  »Bist du genervt oder gelangweilt? Oder ist da etwas anderes?«

  »Hast du vielleicht keine Lust auf Klavierspielen heute?«

  »Fühlst du dich manchmal allein beim Fußballspielen?«

Verbinde dies gerne mit deinen Beobachtungen aus Schritt eins.

> »Ich habe bemerkt, dass du seit Tagen nicht mehr für den Klavierunterricht geübt hast. Hast du zurzeit keine Lust mehr auf Klavierspielen?«

+ **Schritt 3:** Erfrage die Bedürfnisse, die hinter den Gefühlen stehen könnten, und versuche herauszufinden, was dein Kind gerade braucht.

> »Gibt es etwas, das du gerade brauchst oder dir wünschst?«
>
> »Was brauchst du gerade?«

+ **Schritt 4:** Um herauszufinden, ob etwas anderes als Motivationslosigkeit das Problem ist, kann es helfen, deinem Kind deine Theorien anzubieten und mit Beobachtungen zu untermauern.

> »Mir ist aufgefallen, dass du nicht mehr gerne zum Sport gehst. Ich frage mich: Fühlst du dich in deinem Team wohl?«
>
> »Wie könntest du wieder Spaß an deinem Hobby haben?«

Ein solches Gespräch kann den Grund dafür bereiten, gemeinsam Pläne zu schmieden, wie der Spaß am Hobby vielleicht zurückkommen könnte. Denn Erfolge und Wertschätzung stellen sich nun mal erst mit dem Tun ein. Wenn du möchtest, dass dein Kind (vorerst) dieses Hobby weiterführt, könntest du gemeinsame Absprachen treffen und dein Kind für den Fortschritt und die Bemühungen wertschätzen. Dein Kind hat vielleicht das Bedürfnis, gesehen zu werden und Verbindung aufzubauen. Dies kannst du fördern, indem du dir zum Beispiel vorspielen lässt, was es in der

Musikschule gelernt hat, oder indem ihr über das Hobby sprecht. Versuche zudem bei möglichst vielen Konzerten, Turnieren und Prüfungen dabei zu sein.

Liegt die Ursache eher im sozialen Bereich, wie Unstimmigkeiten mit Trainern oder Trainerinnen, kann es helfen, dein Kind in der Lösungsfindung zu unterstützen. Eine Möglichkeit könnte sein, dein Kind zu ermutigen die Konflikte selbst anzusprechen. Vielleicht möchte es dich jedoch auch dabeihaben? Bei Problemen mit dem Team, die nicht ohne Weiteres lösbar sind, kann es auch sinnvoll sein, den Verein zu wechseln. Egal wofür ihr euch entscheidet, dein Kind wird dabei viel lernen: zum Beispiel nicht sofort bei jeder Hürde aufzugeben und Dinge anzusprechen.

6. Warum dauert alles so ewig?

Das gemeinsame Loskommen am Morgen oder zu einem Termin kostet viele Familien täglich Energie. Kinder mit ADHS benötigen oft mehr Struktur und Anleitung in diesen Situationen als Gleichaltrige. Mögliche Probleme können dabei sein: die Zeitwahrnehmung, fehlendes Zeitmanagement, die erhöhte Ablenkbarkeit, fehlende oder unzureichende Struktur, aber auch Probleme in der Merkfähigkeit sowie der Automatisierung von Aufgaben und eine generelle Reizüberflutung. Deinem Kind fällt es also besonders schwer, alle Aufgaben bis zum Losgehen (z. B. Schultasche packen, Zähne putzen, Jacke anziehen) auf dem Schirm zu haben und nichts zu vergessen. Entsprechende Strukturen und Routinen könnten da helfen – doch die kann dein Kind allein meist nur sehr schwer entwickeln. Außerdem sind Übergänge von einer Situation in die nächste für Kinder mit ADHS besonders knifflig. Erst recht, wenn der Wechsel von sehr positiv besetzten Situationen (Spielen, Medienzeit) hin zu eher negativen oder neutralen Aktivitäten

(Zahnarzt, Therapie, Schule etc.) erfolgen soll. Schau hierzu gerne auch ergänzend in Kapitel 4.

Wir haben dir hier ein paar wichtige Tipps zusammengefasst, um das Loskommen für einen Termin einfacher zu gestalten:

+ **Frühzeitige Vorbereitung:** Beginne frühzeitig mit der Vorbereitung auf den anstehenden Termin. Teile deinem Kind im Voraus mit, wann der Termin stattfinden wird, was dort passiert und was ggf. eingepackt oder vorbereitet werden soll.

  »Morgen haben wir einen Zahnarzttermin um 10 Uhr. Lass uns heute Abend gemeinsam die Zahnbürsten bereitlegen und überlegen, was du gerne danach machen möchtest.«

+ **Visualisierung:** Verwende visuelle Hilfsmittel wie einen Timer oder einen Zeitplan (Wochenplan, Tagesplan, Ablaufplan), um die Zeit bis zum Termin zu visualisieren. Im Idealfall erstellt ihr diese Pläne gemeinsam. So lernt dein Kind nach und nach mehr Selbstständigkeit.

  »Schau mal, hier ist ein Timer. Er zeigt an, wie viel Zeit noch bleibt, bis wir zum Zahnarzt gehen. Wenn der Timer klingelt, wissen wir, dass es Zeit ist, uns anzuziehen.«

  »Ich habe dir hier einen Ablaufplan für unsere Morgenroutine erstellt. Hier sind alle Dinge drauf, die wir morgens erledigen – damit wir nichts vergessen.«

+ **Klare und deutliche Aussagen:** Formuliere klare Aufgaben, um Missverständnisse zu vermeiden, und gib deinem Kind mit einem Ablaufplan die Möglichkeit, dies noch mal nachzugucken. Formuliere möglichst nur eine Anweisung auf einmal, da sonst wahrscheinlich eine davon vergessen wird.

Anstatt zu sagen: »Nach dem Frühstück putze bitte die Zähne, zieh deine Jacke und die Schuhe an, damit wir es endlich schaffen, pünktlich zu kommen.«

Probiere lieber: »Wenn du aufgegessen hast, zieh bitte deine Jacke an. Dann können wir direkt zum Zahnarzt gehen.«

+ **Positives Framing verwenden:** Formuliere positiv und betone, was getan werden soll, anstatt zu betonen, was nicht getan werden soll (siehe Kapitel 2).

Anstatt zu sagen: »Jetzt haben wir keine Zeit mehr zum Spielen.«

Probiere lieber: »Lass uns unsere Jacken anziehen und losgehen, damit wir rechtzeitig zum Zahnarzttermin kommen.«

+ **Verständnis für Schwierigkeiten zeigen:** Zeige Verständnis für mögliche Schwierigkeiten, die beim Loskommen auftreten können. Betone, dass du da bist, um zu helfen, und ihr gemeinsam eine Lösung finden wollt.

»Ich weiß, dass es manchmal schwer ist, rechtzeitig loszukommen. Wenn du Schwierigkeiten hast (z. B. Hose nicht auffindbar), lass es mich wissen. Wir finden gemeinsam eine Lösung.«

»Was können wir tun, um das Loskommen einfacher zu machen? Hast du Ideen, die uns helfen könnten?«

+ **Übergänge gut gestalten:** Wenn ihr einen Termin habt, solltest du genau überlegen, welche Aktivität du vorher machst. Für dein Kind kann es besonders schwer sein, sich von Medien zu trennen, um zum Zahnarzt zu gehen. Besser ist es, die Medienzeit nach dem Termin einzuplanen, um etwas zu schaffen, auf das sich dein Kind freuen kann. So oft es geht, solltet ihr solche Dinge jedoch gemeinsam besprechen und Vor- und Nachteile sowie Bedenken und Bedürfnisse abwägen.

7. Ist mein Kind mediensüchtig?

Kaum kommt dein Kind aus der Schule, geht die Fragerei los: »Darf ich an den Computer/die Spielekonsole etc.?« Sind Medien immer wieder ein Streit- und Stressthema in eurer Familie? Manchmal hast du beinahe das Gefühl, dein Kind könnte süchtig sein? Du würdest dir wünschen, dein Kind könnte sich noch mit anderen Dingen beschäftigen? Zunächst einmal: Du bist damit definitiv nicht allein! Medien wie Smartphone, Spielekonsolen, Fernsehen und Co. sind definitiv unter den Top 10 der Streitthemen in Haushalten mit Kindern und Jugendlichen – egal ob mit oder ohne ADHS. Das Thema Mediensucht ist in aller Munde. Was ist zu viel? Wann beginnt die Sucht?

Wie du vielleicht erinnerst, hängt ADHS mit einem Mangel an Dopamin im synaptischen Spalt zusammen. Das Belohnungszentrum im Gehirn schüttet Dopamin als eine Art Glückshormon bei einem angenehmen Erlebnis, einer Belohnungssituation oder einer Übererregung aus. Videospiele bieten den Spielenden immer wieder Belohnungen durch Punkte, Gold oder Ähnliches. Zudem werden neue Level oder Gadgets freigeschaltet und Handlungen der Spieler belohnt, was wiederum Dopamin freisetzt. Das Gehirn lernt also, Videospiele mit einer Übererregung zu verbinden. Das führt dann zu einem starken Drang, erneut zu spielen – für den nächsten Dopamin-Kick. Dies passiert aber nicht nur bei Videospielen, sondern auch bei Social Media. Denn Social Media belohnt Posts und Aktivitäten durch Herzchen oder andere Formen, mit denen soziale Anerkennung ausgedrückt werden kann.

So kann die tägliche Nutzung von Social Media oder Videospielen eine ähnliche Dopaminreaktion im Gehirn auslösen wie Alkohol oder andere Drogen. Dies kann im schlimmsten Fall zu einer Sucht führen. Aber keine Sorge, bei den wenigsten Kindern liegt wirklich eine Sucht vor. Gefährlich wird es, wenn Dopamin auch dann ausgeschüttet wird, wenn gar keine Erfolge im Spiel passieren. Dann entsteht im Gehirn deines Kindes eine Toleranzentwicklung, ähnlich denen von Drogen oder Alkohol. Um dann die gleiche Dopaminausschüttung zu erreichen, muss länger gespielt werden, auch ohne eigentlichen Spaß am Spielen. Daraus kann dann eine sogenannte Verhaltenssucht entstehen, wo die Gedanken nur noch um das Spielen kreisen und andere Aktivitäten komplett schleifen gelassen werden.

Um dies zu verhindern, benötigt dein Kind altersentsprechende Medienregeln und gleichzeitig Mitspracherecht in der Mediennutzung. Legt daher möglichst die Medienregeln gemeinsam als Familie fest. Hierbei sollten alle Bedürfnisse betrachtet werden. Und auch wenn ihr gemeinsam als Familie eine Regel festlegt, könnt ihr im Gespräch bleiben und diese jederzeit nach euren Bedürfnissen anpassen. Es kann immer wieder Tage geben, wo du gerade nicht so gut drauf bist und merkst, dass du deine Kinder immer wieder anschreist oder Konflikte eskalieren. Das sind dann solche Tage, wo die eine Folge mehr oder weniger deinem Kind nicht schaden wird, um den Familienfrieden und deine notwendige Auszeit zu schaffen.

Eine gute Möglichkeit, um deinem Kind sowohl feste Regeln als Geländer als auch Autonomie zu ermöglichen, ist die Methode der Medientokens. Diese Methode sollte als Vorschlag mit den Kindern besprochen und ggf. individuell angepasst werden.

Nutzung von Medientokens:

+ **Schritt 1: Zeit pro Tag festlegen**, die dein Kind täglich oder wöchentlich zur Verfügung hat. Du kannst dich gerne an folgenden Richtlinien des Internet-ABCs der Landesanstalt NRW orientieren: 0 bis 2 Jahre (möglichst keine Bildschirmmedien, eher Bilderbücher und Hörspiele/Lieder), 2 bis 3 Jahre (5 bis 10 Minuten begleitete Bildschirmzeit), 4 bis 6 Jahre (maximal 30 Minuten pro Tag, nicht unbedingt täglich), 7 bis 10 Jahre (maximal 60 Minuten pro Tag freie Bildschirmzeit, nicht unbedingt täglich), 11 bis 12 Jahre (maximal 90 Minuten pro Tag oder Wochenbudget von ca. 10 Stunden frei zur Verfügung stehende Bildschirmzeit)[1]
+ **Schritt 2: Regeln festlegen**, an die sich dein Kind halten soll. Dies können zum Beispiel Regeln zu bestimmen Uhrzeiten sein (Medienzeit vor 19 Uhr etc.) oder Dinge, die vor der Medienzeit erledigt werden sollen (Hausaufgaben, Aufgaben im Haushalt etc.). Dazu gehören aber auch Regeln wie keine Medien beim Essen oder 1,5 bis 2 Stunden vor dem Schlafengehen oder Ähnliches. Diese Regeln solltet ihr in einem gemeinsamen Gespräch mit den Kindern festlegen. Sie gelten dann natürlich auch für die Eltern! Denn du bist in der Mediennutzung das Vorbild für dein Kind.
+ **Schritt 3: Medientokens vergeben:** Die Medientokens sind bestimmte Tokens oder Steine für zum Beispiel 10 Minuten Medienzeit, die dein Kind frei einsetzen kann. So bekommt es ein besseres Verständnis für die Medienzeiten und behält den Überblick, wie viel Zeit es noch für den Tag zur Verfügung hat. Die Medientokens können frei eingesetzt werden für Fernsehen, Spielekonsole oder Handyzeit.

Auch wenn du die Methode der Medientokens anwendest, ist es wichtig, dein Kind darin zu unterstützen, die Medienzeiten auch einzuhalten. Dabei kann es sinnvoll sein, die Zeit sichtbar zu machen, denn insbesondere bei Medienkonsum und »Zocken« verlieren Kinder schnell ihr Zeitgefühl. Deswegen sind Timer oder Ähnliches hier besonders wichtig. Außerdem solltest du dein Kind vor der Abschaltung des Geräts vorwarnen. Dabei ist es wichtig, dass du die Aufmerksamkeit deines Kindes für dich hast, denn es kann durchaus sein, dass dein Kind total ins Geschehen versunken ist. Dann wird es dich nicht hören, wenn du aus dem anderen Raum rufst, dass du in fünf Minuten die Konsole abschaltest. Begleite dein Kind und seine Gefühle bei der Abschaltung der Konsole oder anderer Medien. Unterstütze es so oft es geht, selbst den Ausknopf zu betätigen, und finde dafür einen geeigneten Zeitpunkt. Mitten in einer Runde, während dein Kind mit anderen spielt, ist wahrscheinlich kein guter Zeitpunkt, oder?

Vermeide so gut es geht Bestrafungen und künstliche Konsequenzen. Ziel sollte eher ein bewusster Umgang mit Medien sein. Hier seid ihr als Eltern in der Pflicht, diesen selbst vorzuleben. Auch wenn ihr bestimmte Medienzeiten festlegt, ersetzt dies nicht den gegenseitigen Austausch über das Thema. Denn ab einem gewissen Alter wird es ohnehin immer schwieriger, den Medienkonsum deines Kindes noch zu kontrollieren. Es wird immer Wege finden, Regelungen zu umgehen. Sprecht also lieber darüber, was euch jeweils wichtig ist und warum. Zudem solltet ihr zwischen den verschiedenen Arten von Medienkonsum unterscheiden: Es gibt beispielsweise kreative und eher wissensbasierte Apps und Spiele (Lern-Apps, Malen, Videos schneiden) und aufwühlende, aufputschende und berieselnde Aktivitäten (stundenlanges YouTube-Shorts- oder TikTok-Gucken, »Zocken« gegen andere Spieler). Sprich nach den Medienzeiten regelmäßig mit deinem Kind über das von ihm Erlebte. Mögliche Fragen können hier sein:

+ Wie hast du dich gerade gefühlt, als du [Aktivität] gemacht hast? Wie fühlst du dich jetzt?
+ Hast du alles geschafft, was du dir vorgenommen hast?

- Wie kann ich dich dabei unterstützen, das zu schaffen, was du dir vornimmst (z. B. Videos Schneiden anstatt Social Media)?
- Welche Unterstützung brauchst du von mir, um die Spielekonsole auszumachen, bevor dir das Spielen nicht mehr guttut?
- Woran kannst du merken, dass dir [Medium] gerade nicht mehr guttut? Wie kannst du dann abschalten oder dich trennen?
- Wie viel Spielen oder Social Media tut dir gut? Wann kannst du nicht mehr aufhören?

Ein weiterer wichtiger Punkt, den du beachten solltest: Ähnlich wie bei einer Alkoholsucht kann das reine Betrachten des Objekts der Begierde (Konsole, Handy etc.) bereits Dopamin im Gehirn deines Kindes ausschütten und dadurch das Verlangen nach diesem Medium steigern. Deswegen ist es sinnvoll, die Konsole oder das Handy (zumindest zeitweise) aus dem Blickfeld des Kindes zu räumen. Du wirst sehen, dass dadurch bereits einiger Stress reduziert werden kann. Biete zudem Alternativen an wie gemeinsame Gesellschaftsspiele oder Ausflüge. Reflektiere regelmäßig deinen eigenen Umgang mit Medien. Wann gönnst du dir Auszeiten von Medien? Gibt es medienfreie Zeiten auch für Erwachsene? Gelten die Regeln für die Kinder auch für dich und deine:n Partner:in?

Ein Wort zu Teenagern: Ab einem gewissen Alter wird es immer schwieriger, den Medienkonsum noch einzuschränken, allein schon durch die Tatsache, dass Tablets auch für die Schule genutzt werden. Hier ist es sinnvoll, mit den Jugendlichen regelmäßig in den Austausch zu gehen über das, was sie sich ansehen, was sie ggf. beunruhigt und wie sie sich nach dem Medienkonsum fühlen. Wenn du dir Sorgen um die Mediennutzung deines Teenagers machst, ist es wichtig, nicht in die Falle mit Verboten, Bestrafungen und Konsequenzen zu tappen, sondern beharrlich dranzubleiben und deine Bedenken zu äußern. Denn die wenigsten Kinder und Jugendlichen sind tatsächlich mediensüchtig. Stattdessen sind »Zocken« und Social Media eine moderne Möglichkeit, um in

Kontakt zu bleiben. Denn das soziale Leben der heutigen Jugendlichen findet nun einmal viel im virtuellen Raum statt – besonders seit der Corona-Pandemie. Hierbei solltest du als Elternteil deine Bedenken beharrlich äußern, Alternativen vorschlagen und mit gutem Vorbild vorangehen.

8. Was mache ich, wenn mein Kind mich in peinliche Situationen bringt?

Mal ehrlich: Es gibt Verhaltensweisen von Kindern, die sind uns einfach peinlich: Wenn sie fremden Leuten die Zunge rausstrecken. Wenn sie im Restaurant mit den Fingern essen. Wenn sie sich im Supermarkt auf den Boden werfen. Wenn sie der Tante sagen, dass sie ganz schön dick ist. Welche Situationen fallen dir da ein? Kinder mit ADHS tragen ihr Herz oft auf der Zunge und können dann sehr direkt sein. Nicht jeder Mensch weiß damit umzugehen. Hinzu kommt: Tief in unserem Herzen wollen wir irgendwie ja schon gerne die »perfekten Eltern« sein. Und haben die dann nicht auch Kinder mit tadellosem Verhalten?

Überprüfe diese Annahme doch mal auf ihren Wahrheitsgehalt. Zum einen legt wohl so ziemlich jeder Mensch unterschiedliche Maßstäbe an, wenn es um »Benehmen« geht. Und zum anderen haben Eltern natürlich viel Einfluss auf ihre Kinder – doch sind diese nach wie vor eigenständige Wesen mit Gefühlen und Bedürfnissen – und keine Roboter. Doch gerade bei Eltern, die ihr Kind bedürfnisorientiert begleiten, spüren wir oft einen besonders starken Druck, wenn sie in der Öffentlichkeit unterwegs sind. Denn sie wollen ja zeigen: »Seht her, auch ganz ohne Zwang und Drohen wird ein anständiger Mensch aus unserem Kind!«

Schaue doch mal dahinter, warum du eine Verhaltensweise deines Kindes schlecht annehmen kannst. Was genau stört dich daran?

Stört *dich persönlich* überhaupt etwas, oder ist es eher ein unpersönliches »man tut das nicht«, also eine Moralvorstellung? Vielleicht hilft es dir auch zu verstehen, warum dein Kind tut, was es tut? Ist »Anecken« womöglich eine bewusste Strategie, um deine Aufmerksamkeit zu bekommen? Oder braucht dein Kind in diesem Moment mehr Orientierung und Halt, ist vielleicht überfordert? Du kennst das schon: Der Weg zum Ziel führt über die Bedürfnisse. Gleichzeitig darfst du natürlich ganz klar deine eigene Grenze kommunizieren und deine Gefühle ausdrücken.

»Puh, mir wird gerade ganz heiß, wenn ich die Blicke der Menschen auf uns spüre. Ich bin da und ich höre dir zu. Kannst du bitte etwas leiser sprechen? Geht das?«

»Mir ist das peinlich, wenn du [Verhalten] tust. Bitte hör auf damit!«

Das ist dann keine Garantie dafür, dass dein Kind aufhört. Doch du hast dich damit authentisch gezeigt: deinem Kind, den starrenden Menschen um dich herum und letztlich auch dir selbst Luft gemacht. Nun kannst du im besten Falle wieder klarer denken und überlegen, was der nächste Schritt sein könnte. Frage dich dazu, was du gerade brauchst. Vielleicht ist es euch möglich, die Situation ohne großes Aufheben zu verlassen und dann ohne Publikum zu klären? Versuche ansonsten mal, dir vorzustellen, du spannst einen riesigen Regenschirm über euch auf oder ihr verschwindet unter einer Käseglocke oder einem Zauberumhang. Hier habt ihr einen geschützten Raum, das Thema friedvoll zu lösen.

Sind andere Menschen unmittelbar involviert, dann kann es ein gutes »Gegenmittel« bei Schamgefühlen sein, diesen mit Offenheit zu begegnen. Ein Beispiel: Dir ist es furchtbar peinlich, dass dein

Kind schon seit fünf Minuten ununterbrochen auf einen wildfremden Mann einredet? Dann sprich es an:

> »Ich sorge mich, ob es Ihnen wohl unangenehm sein könnte, dass meine Tochter Ihnen all das erzählt ... Wie ist das für Sie?«

Generell ist es so, dass sich die Energie und Stimmung dadurch verändern, wenn du mit anderen sprichst. Das führt meist zu einer Deeskalation – vorausgesetzt, du bleibst in deinen Aussagen bei dem, was du gerade beobachtest, fühlst und brauchst. Erinnere dich also an die Vier-Schritte-Methode.

9. Wie werde ich allen gerecht?

Sicher hast du dir diese Frage schon mal gestellt, wenn du mehr als ein Kind hast. Kinder lernen erst mit der Zeit, mit herausfordernden Gefühlen konstruktiv umzugehen und sich selbst zu regulieren. Daher ist es kein Wunder, wenn aus ihnen öfter mal herausplatzt: »Das ist unfair!« oder »Du hast meine Schwester viel lieber als mich!«. Eifersucht unter Geschwistern ist 1. völlig normal und 2. deswegen für die Eltern nicht weniger anstrengend.

Durch die ADHS sind Kinder oftmals auch weit über das Kleinkindalter hinaus noch sehr impulsiv. Sie brauchen viel Co-Regulation, also Unterstützung dabei, mit ihren Gefühlen umzugehen. Was kannst du also tun? Aus unserer Erfahrung hat sich folgender kleiner Leitfaden in jeglichen herausfordernden, emotional hochkochenden Situationen zwischen zwei und mehr Geschwistern bewährt:

+ **Schritt 1:** Besteht gerade Gefahr für Leib und Leben oder wertvolle Gegenstände? – Dann trenne die Streitenden so ruhig wie möglich mit einem klaren »Stopp« und stelle oder setze dich zwischen sie.
+ **Schritt 2:** Keine akute Gefahr erkennbar? Dann schaue zunächst bei dir selbst: Hast du gerade ausreichend Ressourcen, um diesen Streit gut begleiten zu können? Oder ziehst du dich lieber zurück bzw. bleibst zunächst beobachtend im Hintergrund? Frage deine Kinder gerne auch, ob sie sich bei der Klärung des Streits Unterstützung wünschen.
+ **Schritt 3:** Ist der Konkurrenzkampf zwischen den Kindern sehr ausgeprägt, kannst du auch versuchen, vorbeugend aktiv zu werden. Stelle sicher, dass jedes Kind exklusive Zeiten nur mit dir oder einer anderen Bezugsperson hat. Verzichte auf Vergleiche zwischen den Kindern. Sollte beispielsweise das Kind mit ADHS das ältere sein, dann heißt es noch lange nicht, dass es immer besonnener reagieren kann als das jüngere, nicht von ADHS betroffene. Zu hohe Erwartungen können hier schnell zu einem wahren, sich ständig selbst verstärkenden Teufelskreis werden.
+ **Schritt 4:** Lebe ganz bewusst vor, dass Meinungsverschiedenheiten normal sind. Und zeige auf, dass es friedlichere, konstruktivere Wege gibt, diese zu klären.

Wichtig für dich zu wissen: In den seltensten Fällen geht es deinen Kindern wirklich um das eine Spielzeug oder die letzte Kartoffel beim Mittagessen. Vielleicht hilft dir das Bild der oder des neugierig Forschenden. Worum geht es den beiden Streitenden wirklich? Generell schwingt oft der Kampf um die elterliche Liebe und Aufmerksamkeit mit. Oder auch die Frage: Bin ich okay so, wie ich bin?

Stresst dich Geschwisterstreit sehr, schaue gerne noch mal genauer auf dich selbst: Was lösen solche Situationen in dir aus? Bist du genervt, weil du gerne deine Ruhe genießen würdest? Bist du alarmiert, weil du dich verantwortlich fühlst? Wie haben deine eigenen Eltern reagiert, wenn ihr euch früher gestritten habt? Ist für dich Geschwisterstreit als eine »gefährliche Situation« abgespeichert, die es abzuwenden gilt? Lässt dich der häufige Streit zwischen deinen Kindern an deiner Fähigkeit als Elternteil zweifeln? Dies zu klären (und die dahintersteckenden Glaubenssätze zu bearbeiten) kann dir enorm helfen, den nächsten Geschwisterstreit mehr als das anzusehen, was er ist: Sozusagen ein Trainingscamp in geschützter Umgebung für das »echte Leben« da draußen. Ach und noch etwas: Deine Aufgabe ist es *nicht*, es allen recht zu machen und jegliche Konflikte zu vermeiden. Das ist ohnehin utopisch. Wichtig ist, dass alle Familienmitglieder – so gut es eben geht – in ihren Bedürfnissen gesehen werden und keiner auf lange Sicht benachteiligt wird.

10. Was tun, wenn ihr Eltern euch uneinig seid?

Wenn du zu diesem Buch gegriffen hast und immer noch dabei bist, ist dir ein Erziehungsstil wichtig, der auf Gleichwürdigkeit basiert. Und du bist bereit, dich mit deiner eigenen Haltung auseinanderzusetzen und das Verhalten deines Kindes zu hinterfragen, statt zu bewerten. Wir hoffen zudem, dass du mit unseren Ausführungen die Gewaltfreie Kommunikation für dich selbst als wertvoll kennengelernt hast! Nun bemühst du dich aktiv um ein friedvolleres Familienleben. Nur leider ist es so: Dein:e Partner:in zieht nicht mit. Fällt dir vielleicht sogar in den Rücken und kritisiert deinen Umgang mit eurem Kind oder euren Kindern. Leider setzt sich dann oft eine unheilvolle Dynamik in Gang: Du bist dann vielleicht plötzlich selbst nicht mehr gewaltfrei und friedvoll und überziehst dein Gegenüber mit einem Haufen Urteilen und Beschimpfungen. Vermutlich, weil du dein Kind schützen willst. Vielleicht auch, weil du jetzt einen Wissensvorsprung hast? Oder, weil du dir eigentlich Verbindung wünschst zu deinem Gegenüber? Es wäre doch so schön, wenn ihr das gemeinsam angeht!

Was helfen kann: Werde dir zunächst bewusst darüber, ob du den Gedanken in dir trägst, Eltern sollten eine »geschlossene Front« bilden – und wenn ja, wie stark dieser Gedanke ist. Falls dem so ist, können wir dich beruhigen: Zahlreiche namhafte Expertinnen und Experten (unter anderem Thomas Gordon und Jesper Juul) halten das für unnötig. Eltern müssen nicht immer einer Meinung sein. Unterschiedliche Erziehungsstile schaden Kindern per se zunächst nicht. Und gleichzeitig: Es lohnt sich definitiv, über gemeinsame Werte zu sprechen. Was ist uns als Familie wichtig? Wie wollen wir miteinander umgehen? Wie füllen wir diese Werte mit Leben? Das beugt in der Tat Konflikten vor und schafft zudem Nähe. Außerdem bringt es die nötige Klarheit – ein wichtiges Bedürfnis von Kindern – und beugt Loyalitätskonflikten vor. Deswegen sollte klar sein: Vor den Kindern schlecht über den anderen Elternteil zu reden, ist ein absolutes No-Go. Sollte es ernsthafte und tieferliegende Differenzen geben, dann vertagt das Thema und besprecht es in Ruhe – wenn die Kinder im Bett sind.

Ideen für den Umgang mit Uneinigkeit in Erziehungsfragen:

+ **Verantwortung:** Jede:r Erwachsene in der Familie ist selbst Gestalter:in seiner oder ihrer eigenen Beziehungen. Auch der zum Kind. Du bist also nicht dafür verantwortlich, wie die Beziehung deines Partners oder deiner Partnerin zum Kind ist.
+ **Verständnis:** Jede Person ist anders aufgewachsen und bringt eigene Themen aus der Herkunftsfamilie in die neue Familie mit. In welchem Umfang und wann sich ein Mensch den eigenen Themen stellen will, ist ihm überlassen. Du kannst die andere Person nur dazu einladen, am besten mit einer wertfrei

formulierten Beobachtung und deinen Gefühlen und Bedürfnissen dazu.

+ **Perspektivwechsel:** Bei jeglichem Verhalten deines Gegenübers, das in dir Widerstand auslöst, frage dich: Für welches Bedürfnis steht mein Gegenüber da gerade? Um was könnte es gehen? Was braucht sie oder er jetzt? Wie könnt ihr (wieder) in Verbindung kommen?
+ **Zeit geben:** Jedes Umdenken und Umlernen brauchen Zeit und Offenheit. Erkläre unbedingt, was du da tust – und warum (dazu gibt es eine Formulierungshilfe am Ende des Abschnitts) und lade die andere Person dazu ein, Fragen zu stellen und Teil des Prozesses zu sein. Das alles bitte ohne Druck.
+ **Grenzen besprechen:** Gibt es Punkte, an denen du einschreiten musst, weil es dich sonst zerreißt – zum Beispiel, weil dein:e Partner:in das Kind grob am Arm packt, es anschreit oder unverhältnismäßige Strafen verhängt? Vereinbart für solche Situationen doch ein Codewort oder ein Zeichen (z. B. auf die Schulter tippen). Das heißt dann so viel wie: »Okay, deine Botschaft ist angekommen. Und nun reicht es, ab hier übernehme ich.« Dieses Vorgehen bedarf allerdings einer guten vorherigen Absprache, damit es auch allen Beteiligten gelingen kann, das Codewort oder Zeichen zu akzeptieren. Und es sollte nicht mit einem Vorwurf verknüpft sein.
+ **Beobachte:** Wie reagieren die Kinder auf deine:n Partner:in? Versuche auch Positives zu sehen und vor allem wertzuschätzen. Nur weil der Ton vielleicht mal etwas rauer ist, bedeutet dies noch lange nicht, dass die Haltung weniger wertschätzend ist.

Und wie ist das mit Oma und Opa?

Viel Konfliktpotenzial liegt auch in den Begegnungen mit den Großeltern – denn diese können ein Abweichen von ihrem eigenen Erziehungsstil durchaus schon mal als Kritik an ihrer früheren Elternrolle auffassen. Daher braucht es viel Fingerspitzengefühl bzw. in erster Linie zunächst eigene Klarheit: Welche Rolle sollen die Großeltern im Leben des Kindes spielen? Wie ist dein eigenes Verhältnis zu den Eltern und Schwiegereltern? Gibt es alte Wunden oder Themen, die unterschwellig immer wieder aufreißen oder angesprochen werden? Familiäre Beziehungen sind immer auf irgendeine Art und Weise vorbelastet – und so können mit der eigenen Elternrolle auch Situationen und Gefühle aus der eigenen Kindheit wieder anklopfen. Achte also genau darauf, ob wirklich das Kind in diesem Moment ein Problem mit den Großeltern hat oder ob es nicht eher etwas ist, was die Erwachsenen betrifft – und dann auch unter diesen geklärt werden sollte. Im Grunde gilt hier das Gleiche wie oben beschrieben: Es geht ums gegenseitige Verstehen und immer wieder in Verbindung Gehen. Gleichzeitig bist du jedoch auch Anwalt oder Anwältin der Grenzen deines Kindes (bis zu einem bestimmten Alter) und solltest klar kommunizieren, wenn dein Kind beispielsweise den Kuss von Oma nicht möchte oder der Linkshänder dem Opa nicht »die schöne Hand« gibt.

Das kannst du sagen, wenn

… dein Kind im Beisein des anderen Elternteils bei dir Trost sucht:

»Das hat dich traurig gemacht, nicht wahr? Komm her, ich tröste dich! Gleichzeitig bin ich mir sicher, dass [Mama/Papa] dich nicht verletzen wollte. Was denkst du, war [ihr/ihm] gerade wichtig? Wollen wir [sie/ihn] zusammen fragen?«

… du dich zunächst absprechen willst:

»Das möchte ich nicht allein entscheiden und erst mit [Papa/ Mama] besprechen. Sobald ich das getan habe, komme ich darauf zurück.«

… du über das Thema (jetzt) nicht mit dem Gegenüber (z. B. Großeltern) reden willst:

»Du siehst es so, und ich sehe es anders. Wir haben sicher beide unsere guten Gründe dafür. Für unser Kind entscheiden wir als Eltern, mit allen Konsequenzen.«

… du die Grenzen deines Kindes schützen willst:

»Er hat gerade klar gesagt, dass er keinen Kuss möchte. Solche Dinge darf er selbst entscheiden, denn es ist sein Körper. Ich bitte dich, das zu respektieren. Fühlt sich das für dich jetzt wie eine Zurückweisung an? Ich bin sicher, er hat dich noch genauso lieb wie beim letzten Mal.«

Kapitel 8
Lass dich nicht entmutigen – sei gut zu dir

Nur allzu gern wüssten wir an dieser Stelle, wie es dir mit all dem Input aus diesem Buch geht. Bist du gerade voller Motivation und Tatendrang und willst so schnell es geht möglichst viel umsetzen? Hast du endlich eine Bestätigung für das erhalten, was du tief in deinem Herzen schon lange wusstest, und setzt nun voller Selbstbewusstsein deinen begonnenen Weg fort? Vielleicht ist es aber auch ganz anders: Fragst du dich, wie du all das schaffen kannst? Ob es wirklich funktionieren wird? Oder fühlst du dich vor allem ertappt und hast vielleicht sogar Schuldgefühle, weil du oft (noch!) nicht so handelst, wie du es dir eigentlich vorgenommen hast? Ganz gleich, wie es gerade ist: Alles darf sein.

Du weißt ja: Veränderungen gehen nicht von heute auf morgen. Sie sind ein Prozess – und dieser verläuft nicht geradlinig, sondern kann ein ewiges Auf und Ab sein und sich vielleicht sogar so anfühlen, als folgten auf einen Schritt vorwärts wieder drei rückwärts. Zu Beginn hatten wir dich nach deinem ganz persönlichen »Warum« gefragt. Die Frage war: Wie lautet mein »Warum« für ein gleichwürdiges Familienleben? Welche positiven Veränderungen erhoffe ich mir dadurch? Vielleicht hast du diese Erkenntnisse auch in den »*Kleinen Familien-Leitfaden*« eingetragen? Dann kannst du an dieser Stelle noch einmal ganz in Ruhe überlegen, was sich seitdem verändert hat. Überprüfe auch, ob dein »Warum« sich so noch stimmig anfühlt oder du neue Gedanken notieren willst.

Ohne Selbstfürsorge geht es nicht

Als Elternteil willst du das Beste für dein Kind. Du willst vermutlich, dass es eine schöne Kindheit hat, es ihm an nichts fehlt und es später mal ein gutes Leben führt. Was auch immer das individuell heißen mag. Es ist also nicht weiter verwunderlich, wenn du mit deiner ganzen Kraft auf all das hinarbeitest. Und gleichzeitig profitiert dein Kind am allermeisten von einer zufriedenen Mutter oder einem zufriedenen Vater. Es kann vor allem dann entspannt und unbeschwert Kind sein, wenn es das Gefühl hat, seine Eltern sorgen gut für sich selbst. Denn dann braucht es nicht noch zusätzlich darauf zu achten, dass es ihnen gut geht. Deswegen ist Selbstfürsorge aus unserer Sicht die Voraussetzung schlechthin für ein friedvolles Miteinander in der Familie.

Was genau bedeutet »Selbstfürsorge« eigentlich?

Der Begriff »Selbstfürsorge« ist in aller Munde – und doch hat jeder Mensch ein ganz eigenes Konzept davon. Halte doch gerne direkt mal inne und überlege: Was verstehst du unter Selbstfürsorge? Vielleicht hast du sogar innerlich oder tatsächlich die Augen gerollt: Denn inzwischen gibt es so viele Angebote und Meinungen zu dem Thema, so viele »Dos« und »Don'ts«, dass sich der Begriff irgendwie abgenutzt hat. Deswegen lass uns zunächst klären, was sich hinter dem Begriff verbirgt.

Die Weltgesundheitsorganisation (WHO) definiert Selbstfürsorge als »eine Fähigkeit von Individuen, Familien und Gemeinschaften, die eigene Gesundheit zu fördern oder zu erhalten, Krankheit vorzubeugen und mit Krankheit oder Behinderung umzugehen – mit oder ohne Unterstützung von Gesundheitspersonal«.[1] Der Begriff »Gesundheit« bezieht sich dabei jedoch nicht nur aufs körperliche Wohlbefinden. Teil der Selbstfürsorge ist es auch, die eigenen Wünsche, Bedürfnisse und Grenzen zu achten. Und klar, um diese achten zu können, solltest du sie zunächst kennen. Das ist gar nicht so banal, wie es auf den ersten Blick vielleicht aussieht. Falls sich das Thema »Bedürfnisse« für dich gerade noch sehr groß und eher überfordernd anfühlt, dann starte doch zunächst mit den körperlichen Grundbedürfnissen – das ist für viele Eltern schon eine große Aufgabe: Diese sind beispielsweise ausreichend Schlaf, eine gesunde Ernährung, Bewegung. Ein häufig unterschätztes Bedürfnis ist zudem das nach positiven, bestärkenden Sozialkontakten.

Im folgenden Teil findest du einige konkrete Anregungen, wie du Selbstfürsorge in deinen Alltag integrierst. Und zwar so, dass es eben gerade NICHT zu einem weiteren Punkt auf deiner To-do-Liste wird, sondern wirklich zu dir passt und dich stärkt – für alle aktuellen und kommenden Herausforderungen mit deinem Kind, aber natürlich auch für andere Lebensbereiche.

Wie gelingt Selbstfürsorge?

Die schnelle Antwort lautet: Tue mehr von dem, was dir guttut, und lass immer mehr von dem weg, was dir schadet. Die längere beinhaltet aus unserer Sicht folgende Bausteine:

+ **Schritt 1:** Werde dir über dein eigenes Energielevel bewusst.
+ **Schritt 2:** Nutze die vorhandenen Ressourcen achtsam.
+ **Schritt 3:** Erkenne und kommuniziere deine Gefühle und Bedürfnisse.
+ **Schritt 4:** Entwickle wohltuende Gewohnheiten und Routinen.
+ **Schritt 5:** Reflektiere deine Gewohnheiten und passe sie ggf. an.

1. Werde dir über dein eigenes Energielevel bewusst

Zweifelsohne würdest du uns bestätigen, dass du ein Mensch bist – und keine Maschine. Oder? Da drängt sich die Frage auf, warum du von dir selbst erwartest, jeden Tag gleich leistungsstark und energiegeladen zu sein? Vorausgesetzt, du tust dies. Solltest du es nicht tun, dann klopfe dir einmal selbst auf die Schulter. Denn dann betreibst du bereits aktive Selbstfürsorge. Natürlich gibt es Tage, an denen starten wir mit 100 Prozent Energie in den Tag.

Anders sieht das allerdings schon aus, wenn das Kind in der Nacht plötzlich einen Magen-Darm-Infekt bekommen hat oder du dich hin und her gewälzt hast, weil es wieder nur Absagen von Therapiepraxen gab. Dann startest du vielleicht schon mit fast leerem Akku in den Tag, sagen wir mal mit einem Energielevel von 50 Prozent. Dennoch gibst du an diesem Tag 100 Prozent – denn wer soll denn sonst all die Dinge erledigen, wenn nicht du? Du brauchst kein Mathe-Genie sein, um zu verstehen, dass diese Rechnung nicht aufgeht. Du rutschst dadurch in ein Energie-Minus. Ein paar Tage, vielleicht auch Wochen mag das noch gut gehen. Doch auf lange Sicht werden deine Psyche und dein Körper dir sehr klare Signale senden.

Unser Impuls: Übe dich darin, regelmäßig dein eigenes Energielevel zu überprüfen. Frage dich:

+ Wie steht es gerade um mein Energielevel? Du kannst dir dafür eine Skala in Form einer Ampel zunutze machen: Ist alles im grünen Bereich oder bewegst du dich schon eher vom Gelben in Richtung Rot?
+ Entsprechen meine heutigen Aufgaben und Erwartungen an mich selbst meinem aktuellen Energielevel? Was kann ich streichen?

2. Nutze die vorhandenen Ressourcen achtsam

Zu wenig Zeit für Selbstfürsorge? Das ist ein häufiger Einwand. Doch allen steht täglich die gleiche Anzahl an Stunden zur Verfügung. Die Frage ist doch eher, wie wir diese nutzen. Und natürlich gibt es Dinge, die erledigt werden wollen, wie zum Beispiel die Wäsche. Bei diesen Pflichtaufgaben kann es helfen, wenn du dir das dahinterliegende Bedürfnis klarmachst, aus dem heraus du diese erledigst. Vermutlich hast du wenig Lust, nackt oder in schmutziger Kleidung herumzulaufen. Also geht es da um Bedürfnisse wie Schönheit, Gesundheit, Schutz, und da du die Wäsche für die Kinder gleich mitmachst, sicher auch Fürsorge.

Generell empfehlen wir dir, deinem Leben neben »Pflicht« auch einiges an »Kür« hinzuzufügen. Dafür ist es wichtig, dass du dir über deine wichtigsten Bedürfnisse klar wirst und dir vielfältige Strategien überlegst, wie du diese befriedigen kannst. Wir haben dir dafür eine Übung mitgebracht. Gleichzeitig darfst du dir darüber bewusst werden, was in deinem Alltag aktuell am meisten Energie frisst. Nicht auf alles haben wir Einfluss. Doch bei vielem können wir aktiv werden und an kleinen Stellschrauben drehen – zum Beispiel uns klarer abgrenzen, lernen auch mal »Nein« zu sagen oder Aufgaben zu delegieren.

Übung
Bedürfnis-Regal

Für diese Übung findest du im Download-Bereich eine Vorlage. Drucke sie dir aus oder zeichne ein eigenes Regal auf. Wähle dann (ggf. mithilfe der Bedürfnis-Liste) fünf Bedürfnisse aus, die dir in deinem Alltag wichtig erscheinen. Schreibe je ein Bedürfnis an eines der Gefäße im Regal. Zeichne den aktuellen Füllstand für jedes Gefäß ein.

Überlege: Mit welchem Füllstand fühlst du dich wohl?
Wähle nun eines der Bedürfnisse aus, bei dem der aktuelle und der gewünschte Füllstand (stark) voneinander abweichen und du dir eine Veränderung wünschst.
Um dieses Bedürfnis wirst du dich gezielt eine Woche lang kümmern.
Formuliere dazu konkrete Strategien, was du tun willst, um das Bedürfnis zu nähren – bestenfalls wählst du unterschiedlich aufwendige Strategien aus. So hast du auch für Tage mit wenig Zeit für dich etwas in petto.
Hänge dir diese Ideen als Zettel irgendwo gut sichtbar auf.

3. Erkenne und kommuniziere deine Gefühle und Bedürfnisse

Werde dir bewusst, dass kein anderer Mensch ahnen kann, was du gerade fühlst oder brauchst. Ganz gleich, wie gut der oder die andere dich kennt oder wie empathisch diese Person ist. Mit der Gewaltfreien Kommunikation hast du eine Methode kennengelernt, die dir einerseits hilft, dir über deine Gefühle und Bedürfnisse immer klarer zu werden und diese andererseits auch zu kommunizieren. Schaue gerne noch mal im Kapitel 2 unter dem Punkt »Selbstempathie« nach. Letztlich hilft nur eines: Üben, üben, üben! Hervorragend dafür geeignet sind kleine sogenannte »Check-ins« bei dir selbst.

Übung
Check-in bei dir selbst

Beginne damit direkt nach dem Aufwachen, noch ehe du aus dem Bett steigst. Frage dich: Wie geht es mir gerade? Auf welche Bedürfnisse weist das Gefühl mich hin? Du kannst dir dazu Notizen machen oder es einfach im Kopf durchgehen.
Stelle dir nun über den Tag verteilt zwei bis drei Wecker. Diese sind dein Signal, den morgendlichen Check-in zu wiederholen. Alternative: Du kannst dir auch einen externen Auslöser suchen wie jedes Mal, wenn du zur Toilette gehst. Oder jedes Mal, wenn du etwas trinkst oder isst. Probiere aus, was gut zu dir passt.
Vertraue darauf, dass dein Unterbewusstsein für dich arbeiten wird. Setze dich optional abends, kurz vorm Schlafengehen, noch einmal kurz hin und lege etwas zu schreiben bereit. Schließe die Augen, atme ein paar Mal tief ein und aus. Gehe in Gedanken den Tag durch und notiere dir dann: Welche Gefühle hatte ich heute über den Tag verteilt? Welche Bedürfnisse konnte ich bei mir wahrnehmen?

4. Entwickle wohltuende Gewohnheiten und Routinen

Du erinnerst dich sicher noch: Unser Gehirn liebt es, Energie zu sparen. Daher fallen uns Abläufe, die wir unterbewusst bereits automatisiert haben, eben auch nicht mehr so schwer – wie beispielsweise das tägliche Zähneputzen. Vermutlich würde es dir nicht in den Sinn kommen, dieses nur alle paar Wochen oder Monate zu machen, stimmt's? Während Zähneputzen wichtig für die Mundhygiene ist (und übrigens auch Teil der Selbstfürsorge), gibt es ebenso Handlungen, die wichtig für deine Psychohygiene sind. Nur entsteht dort sehr schnell eine Schere zwischen deinem Wissen (»Selbstfürsorge ist wichtig.«) und der Umsetzung (»Ich habe keine Zeit dafür.«).

Hier kannst du dir zum Beispiel die »Tiny-Habits-Methode« vom amerikanischen Sozialwissenschaftler B. J. Fogg zunutze machen.[2] Diese basiert auf folgender Annahme: Wer etwas in seinem Leben verändern will, kombiniert am besten eine neue Verhaltensweise mit einer bereits bestehenden täglichen Gewohnheit. Foggs Formel lautet: Nachdem ich [bestehende Gewohnheit], mache ich [neue Verhaltensweise]. Wichtig: Die neue Verhaltensweise muss leicht machbar sein und die Person sehr motiviert sein, diese durchzuführen. Es braucht zudem den entsprechenden Auslöser. Fogg selbst testete seine Formel wie folgt: »Jedes Mal, nachdem ich auf der Toilette war, mache ich zwei Liegestütze.« Nach einiger Zeit fiel ihm das so leicht, dass er von sich aus die Anzahl der Liegestütze nach jedem Toilettengang erhöhte.

Übung
Finde deine kleinen, feinen Gewohnheiten

Schaue dir noch einmal an, wo dein Bedürfnishaushalt gerade besonders in Schieflage ist (siehe Übung »Bedürfnis-Regal«). Finde nun zu einem deiner Bedürfnisse eine Formel für eine kleine Gewohnheit.
Schreibe diese wie folgt auf:

Nachdem ich … [alte Gewohnheit/ritualisierte Verhaltensweise], mache ich … [neue Gewohnheit].

Hier ein paar Anregungen:

+ Nachdem ich morgens auf der Toilette war, schaue ich in den Spiegel und lächle mich selbst an.
+ Nachdem ich morgens die Kaffeemaschine angestellt habe, trinke ich – ganz achtsam – ein Glas Wasser.
+ Nachdem ich von draußen nach Hause gekommen bin, packe ich mein Handy in eine kleine Kiste und hole es nur raus, wenn es klingelt.
+ Nachdem ich das Kind in die Kita/Schule gebracht habe, mache ich noch einen kurzen Spaziergang (5 Minuten).
+ Nachdem ich mir abends die Zähne geputzt habe, schreibe ich mir drei Dinge auf, auf die ich heute stolz bin.

Schreibe dir deine Formel ruhig auf richtig schönes Papier und hänge den Zettel an einen Ort, an dem du ihn häufig siehst.

5. Reflektiere deine Gewohnheiten

Wichtig ist, dass du dir nicht zu viel auf einmal vornimmst. Lass dir ein bis zwei Wochen Zeit, in der die erste neue Gewohnheit wachsen und gedeihen kann. Idealerweise machst du dir in dieser Zeit Notizen, die dir hinterher dabei helfen zu erkennen, ob deine Gewohnheit wirklich auf dein Bedürfnis einzahlt und dir guttut. Tut sie das nicht, dann braucht es vielleicht eine (kleine) Anpassung. In manchen Fällen kannst du sie auch komplett aus deinem Leben streichen. Versuche das Ganze spielerisch anzugehen und aus einem Forscher:innen-Geist heraus. Sollte deine Gewohnheit gut zu dir passen und so selbstverständlich wie das Zähneputzen geworden sein, dann kannst du entweder die bestehende Gewohnheit erweitern oder eine neue etablieren. Ein Beispiel:

Starte mit: »Nachdem ich morgens auf der Toilette war, schaue ich in den Spiegel und lächle mich selbst an.«

Weiter geht es mit: »Nachdem ich morgens auf der Toilette war, schaue ich in den Spiegel und lächle mich selbst an und sage mir: ›Heute wird ein guter Tag!‹«

Nächstmögliche Erweiterung: »Nachdem ich morgens auf der Toilette war, schaue ich in den Spiegel und lächle mich selbst an, sage mir ›Heute wird ein guter Tag!‹ und meditiere fünf Minuten lang.«

Es gibt hier kein Richtig oder Falsch! Hauptsache, die Routinen sind für dich machbar und du bist motiviert, diese auszuführen. Ansonsten justiere im Laufe der Zeit noch mal nach. Extratipp: Laut Fogg reicht es aus, wenn du an stressigen oder unmotivierten Tagen den ersten kleinen Mini-Schritt der neuen Gewohnheit beibehältst. So schläft diese nicht ein und du kannst sie wieder in Gänze durchführen, sobald du mehr Kapazitäten hast.

Ein Gedanke zum Abschluss: Selbstfürsorge ist so individuell wie du selbst. Du entscheidest, was dir guttut. Lass dich daher bitte nicht von anderen verunsichern. Gerade in den Sozialen Medien lesen wir immer wieder Aussagen wie »Eine Tasse Tee trinken ist keine Selbstfürsorge« oder »Ohne die Kinder einkaufen zu gehen, ist keine Selbstfürsorge«. Jede:r von uns tankt jedoch anders auf. So kennen wir durchaus auch Menschen, die gerne ihr Haus putzen (weil sie es sich dadurch schön und gemütlich machen) oder Steuerunterlagen abheften (weil Struktur und Ordnung sie beruhigen oder sie so ein lange überfälliges To-do endlich abhaken können). Wie so oft kommt es auf die Perspektive an und die Intention, aus der heraus du die Dinge angehst. Und so kann Selbstfürsorge von Tag zu Tag anders aussehen.

Dank

Nun sind wir am Ende des Buches angelangt und können es selbst noch gar nicht richtig fassen. Gerne möchten wir hier noch einige Menschen erwähnen, die direkt oder indirekt an der Entstehung beteiligt waren. Beide danken wir von Herzen unserer Lektorin Bettina Brinkmann, die an uns und unsere Idee geglaubt hat und so das Buch erst möglich gemacht hat, sowie Sylvia Gredig fürs immer wieder aufmerksame Lesen und behutsame Überarbeiten. Im Folgenden noch einige persönliche Worte von jeder von uns:

Sabrina Sandfuchs: Ich bin meinen Eltern (Gabi und Ralf) unglaublich dankbar, dass sie mich immer bestärken in meinen Ideen (egal wie verrückt sie auch waren und sind) und mich immer ermutigt haben zu schreiben, kreativ zu sein, meinen eigenen Weg zu gehen und meinen Traum zu leben. Ich danke auch meinem Freund Henrik, der mich als Cheerleader durch einige lange Schreibabende begleitet, immer für die nötige Verpflegung und Nervennahrung gesorgt und immer ein offenes Ohr für mich gehabt hat. Du hast mir so viel Selbstvertrauen gegeben und mir geholfen, meine Gedanken zu sortieren und mir Auszeiten zu gönnen. Ich möchte mich auch bei meinem Bruder Stephan bedanken, mit dem ich gerade in den vergangenen Jahren einige intensive Gespräche über ADHS führen durfte und der mich immer wieder daran erinnert, warum ich dieses Buch schreibe. Zudem danke ich meiner Schwester im Herzen Caro, die mir mit Rat und Tat rund ums Autorin-Sein und Buch-Veröffentlichen zur Seite stand. Dann möchte ich meiner Oma Anna und meinem Opa Dieter danken, die zwar nicht immer genau wissen, was ich eigentlich mache, aber egal welchen Meilenstein mit mir gefeiert haben und immer für mich da waren auf meinem Weg zu diesem Buch. Nicht vergessen will ich meine tolle Autorinnen-Kollegin: Ich hätte mir keine bessere Kollegin an meiner Seite vorstellen können. Danke an alle, die dieses Buch möglich gemacht, mir Mut zugesprochen und mich gestärkt haben auf diesem Weg.

Birthe Müller-Rosenau: Ohne meine Kinder wäre ich nie auf die Idee gekommen, dieses Buch zu schreiben. Daher gilt an allererster Stelle mein Dank euch dreien. Ich danke euch für die vielen Entwicklungsgeschenke, die ihr mir schon gemacht habt und ganz sicher weiterhin machen werdet. Ich danke euch für die täglichen Chancen, persönlich zu wachsen und meine eigenen Ansichten immer wieder zu hinterfragen. Ihr seid meine wertvollsten Übungspartner:innen in Sachen Gewaltfreie Kommunikation – neben meinem Mann Nils. Dir danke ich, dass du dieses Buch von Anfang bis Ende eng begleitet hast – durch alle Höhen und Tiefen. Viele Abende hast du dir um die Ohren geschlagen, um das gesamte Manuskript sorgfältig zu lesen – obwohl Ratgeber sonst nicht dein Genre sind. Danken möchte ich auch meiner Freundin Theresa für die Unterstützung und Ermutigung in vielfältigsten Formen. Seit so vielen Jahren hältst du uns als Eltern immer wieder den Rücken frei. Eine wichtige Rolle in meinem Schreibprozess spielte zudem das Coworkit Solingen. Hier hatte ich nicht nur einen Rückzugsort, sondern auch viele wunderbare Menschen um mich herum – an dieser Stelle ein Dank an Cornelius für unser Autorinnen-Foto. Zudem danke ich meinen vielen GFK-Weggefährtinnen, allen voran Wiltraud Terlinden und Monika Knaus. Last but not least danke ich meiner Co-Autorin Sabrina für ihre Geduld, ihr Vertrauen und die offene und wertschätzende Kommunikation. Die Zusammenarbeit mit dir war eine große Freude.

Service

Material zum Download

Auf der Produktseite zum Buch auf www.beltz.de findest du unter dem Stichwort »Online-Material« u. a. folgende Materialien zum Download: unseren »*Kleinen Familien-Leitfaden*«, eine Gefühls-, Bedürfnis-, Werte- und Stärken-Liste, eine Anleitung für ein Visionboard sowie weiterführende Informationen zu ADHS und Schule sowie therapeutischen Maßnahmen. Die Materialien stehen dir solange dort zur Verfügung, wie das Buch lieferbar ist.

Das Passwort für den Download lautet: KRAFTADHS24

Empfehlungen

Zum Weiterlesen:

+ Website von Sabrina Sandfuchs: www.timotherapiefuchs.de
+ Website von Birthe Müller-Rosenau: www.leuchtturm-eltern.de
+ Informationen zu ADHS: www.adhs.info
+ Rosenberg, Marshall B.: Gewaltfreie Kommunikation – Eine Sprache des Lebens. Junfermann: 2016
+ Hohmann, Kathrin: Gemeinsam durch die Wut. Edition Claus: 2021
+ Carl, Christine; Ditrich, Ismene; Koentges, Christa und Matthies, Swantje: Die Welt der Frauen und Mädchen mit AD(H)S. Beltz: 2023

Für Kinder und Jugendliche:

+ Kinder- und Jugendtelefon von Nummer gegen Kummer: 0800 – 111 0 333 und 116 111
+ Online-Beratung für Jugendliche der Bundeskonferenz für Erziehungsberatung e. V.: rund um die Uhr unter https://jugend.bke-beratung.de
+ [U25] – Online-Beratung für junge Menschen mit Suizidgedanken: Anonyme E-Mail-Beratung durch speziell geschulte Gleichaltrige unter www.u25-deutschland.de
+ Die kostenlose und werbefreie App »Between The Lines« enthält validierte Informationen sowie Anlaufstellen für Fragen zu mentaler Gesundheit. Sie ist vollkommen anonym, und die Jugendlichen entscheiden selbstständig, an wen sie sich wenden möchten. https://app.between-the-lines.info

Für Eltern:

+ Elterntelefon von Nummer gegen Kummer: 0800 – 111 0 550
+ Müttertelefon: 0800 – 333 2 111 und unter www.muettertelefon.de
+ Online-Beratung für Eltern der Bundeskonferenz für Erziehungsberatung e. V.: rund um die Uhr unter https://eltern.bke-beratung.de
+ Telefonseelsorge der Kirchen: katholische Kirche (0800 – 111 0 222 und 116 123) sowie evangelische Kirche (0800 – 111 0 111) oder unter www.telefonseelsorge.de

Beratungsführer online der DAJEB (Deutsche Arbeitsgemeinschaft für Jugend- und Eheberatung e. V.):

https://www.dajeb.de/beratungsfuehrer-online/beratung-in-ihrer-naehe

Psychotherapeut:in-Suche:

https://bptk.de/patient-innen

Lernen spannend gestalten:
https://www.learnlearningwithcaroline.com
https://www.lernen-mit-adhs.ch/angebot/fuer-eltern

Medienkompetenzen fördern:
https://www.internet-abc.de
https://medienkompass.de

Entspannungsmethoden:
https://aumio.de mit dem Code TIMOFUCHS 20% Rabatt auf das Jahres-Abo, teils übernehmen auch die Krankenkassen die gesamten Kosten.

Anmerkungen

Kapitel 1: Die Kraft der Worte bei ADHS

1. Rosenberg, Marshall B.: Gewaltfreie Kommunikation – Eine Sprache des Lebens. Junfermann: 2016 (12. Auflage). Seite 125.
2. Elsevier: Psychiatry Research. Ausgabe 272, erschienen 2019. Seite 765–773.
3. Taylor & Francis: Nordic Journal of Psychiatry. Ausgabe 75:4, erschienen 2021. Seite 301–305.
4. Das Zitat »It's simple, but not easy.« wird Marshall B. Rosenberg zugeschrieben.
5. Vortrag Marshall B. Rosenberg, Quelle: https://www.youtube.com/watch?v=NKGgL6AEZ4E&t=16s Minute 3:31, zuletzt aufgerufen am 24.4.2024.
6. Rosenberg, Marshall B.: Gewaltfreie Kommunikation – Eine Sprache des Lebens. Junfermann: 2016. Seite 21.
7. Larsson, Liv und Hoffmann, Katharina: 42 Schlüsselunterscheidungen in der GFK. Junfermann: 2013. S. 20.
8. Rosenberg, Marshall B.: Gewaltfreie Kommunikation – Eine Sprache des Lebens. Junfermann: 2016 (12. Auflage). Seite 87.
9. Weckert, Al: Grundlagenseminar Gewaltfreie Kommunikation. Junfermann: 2016. Seite 40.

Kapitel 2: Gewaltfreie Kommunikation im Alltag

1. Rosenberg, Marshall B.: Gewaltfreie Kommunikation – Eine Sprache des Lebens. Junfermann: 2016. Seite 95.
2. Rosenberg, Marshall B.: Gewaltfreie Kommunikation – Eine Sprache des Lebens. Junfermann: 2016. Seite 124.
3. Vgl. Gonzales, Robert: Ein Leben in Mitgefühl. Arbor 2016.
4. Vgl. Gordon, Thomas: Familienkonferenz. Heyne: 1995 (17. Auflage).
5. Das Zitat wird oftmals Viktor Frankl zugeschrieben, andere Quellen belegen jedoch, dass Stephen R. Covey der Autor ist. Siehe https://www.resilienz-akademie.com/ein-wichtiger-hinweis-resilienz-zitat/ zuletzt aufgerufen am 24.2.2024.
6. Rosenberg, Marshall B.: Gewaltfreie Kommunikation – Eine Sprache des Lebens. Junfermann: 2016 (12. Auflage). Seite S. 30.

7. Rosenberg, Marshall B.: Gewaltfreie Kommunikation – Eine Sprache des Lebens. Junfermann: 2016 (12. Auflage). Seite S. 30.
8. MDedge Psychiatry: Clinical Psychiatry News, erschienen 2010. Seite 12.
9. https://www.ted.com/talks/carol_dweck_the_power_of_believing_that_you_can_improve?language=de, zuletzt aufgerufen am 10.01.2024.
10. Vgl. von St. Ange, Caroline: Alles ist schwer, bevor es leicht ist: Wie Lernen gelingt. Rowohlt: 2023.
11. Vgl. Faßbinder, Klein, Sipos, Schweiger: Therapie-Tools Depression. Beltz: 2015.

Kapitel 3: Die Sicht aufs Kind ändern

1. Gordon, Thomas: Familienkonferenz. Heyne: 1995 (17. Auflage).
2. Gordon, Thomas: Familienkonferenz. Heyne: 1995 (17. Auflage). Seite 39.
3. Rosenberg, Marshall B.: Gewaltfreie Kommunikation – Eine Sprache des Lebens. Junfermann: 2016 (12. Auflage). Seite S. 17.
4. Vgl. Wedewardt, Lea und Hohmann, Kathrin: Kinder achtsam und bedürfnisorientiert begleiten. Herder: 2021. Seite 26 f.
5. Imlau, Nora: Meine Grenze ist dein Halt. Beltz: 2022. Seite 168.
6. Vgl. Wedewardt, Lea und Hohmann, Kathrin: Kinder achtsam und bedürfnisorientiert begleiten. Herder: 2021. Seite 26 f.
7. Vgl. Grawe, Klaus: Psychologische Therapie. Hogrefe: 1998 und Grawe, Klaus: Neuropsychotherapie. Hogrefe: 2004.

Kapitel 4: Leichter durch den Alltag

1. John Wiley & Sons: European Journal of Social Psychology. Ausgabe 40, erschienen 2009. Seite 998–1009.
2. vgl. Juul, Jesper: Dein kompetentes Kind. Rowohlt Taschenbuch: 2009.
3. Brodersen, Hanna: Dich durch mein Herz sehen. Tologo Verlag: 2018. Seite 230.
4. Vgl. Larsson, Liv und Hoffmann, Katharina: 42 Schlüsselunterscheidungen in der GFK. Junfermann: 2013, Seite 84. Und Brodersen, Hanna: Dich durch mein Herz sehen. Tologo Verlag: 2018. Seite 261 f.
5. https://kw-herzenssache.de/regeln-fuer-kinder/, zuletzt aufgerufen am 24.4.2024.

Kapitel 5: Das Kind durch die starken Gefühle begleiten

1. Vgl. Hohmann, Kathrin: Gemeinsam durch die Wut. Edition Claus: 2021 (2. Auflage). Seite 107 f.

2. Vgl. Fritsch, Gerlinde Ruth: Der Gefühls- und Bedürfnisnavigator. Junfermann: 2012 (2. Auflage). Seite 29.
3. Vgl. u. a. Stahl, Stefanie: Das Kind in dir muss Heimat finden. Penguin Random House: 2015.
4. Vgl. Hohmann, Kathrin: Gemeinsam durch die Wut. Edition Claus: 2021 (2. Auflage). Seite 110.
5. Vgl. Imlau, Nora: So viel Freude, so viel Wut: Gefühlsstarke Kinder verstehen und begleiten. Kösel: 2018. Kapitel 4.
6. Vortrag Marshall B. Rosenberg, Quelle: https://www.youtube.com/watch?v=NKGgL6AEZ4E&t=16s Minute 3:31, zuletzt aufgerufen am 24.4.2024.

Kapitel 6: Wo ihr als Familie gerade steht

1. Rosenberg, Marshall B.: Gewaltfreie Kommunikation: Eine Sprache des Lebens. 12. Edition. Junfermann 2016. Seite 16.

Kapitel 7: Typische Themen und Fragen rund um ADHS

1. https://www.internet-abc.de/eltern/kinder-bildschirmzeit-medienzeit/, zuletzt aufgerufen am 30.11.2023.

Kapitel 8: Lass dich nicht entmutigen – sei gut zu dir

1. https://www.who.int/news-room/fact-sheets/detail/self-care-health-interventions, zuletzt aufgerufen am 22.12.2023 2023. Übersetzung Birthe Müller-Rosenau.
2. Vgl. Fogg, B. J.: Die Tiny Habits Methode. Btb: 2021.